윤두서 사실적인 묘사로 영혼까지 그린 화가

윤두서 사실적인 묘사로 영혼까지 그린 화가

송미숙 글 | 오세정 미술놀이

예술가들이 사는 마을 20

윤두서 사실적인 묘사로 영혼까지 그린 화가

초판 1쇄 발행 2019년 12월 20일

글쓴이 송미숙
미술놀이 오세정

총괄 모계영 | 편집장 이은아 | 책임편집 조정우 | 편집 민가진, 한지영
디자인 이자현, 강미서 | 마케팅 구혜지, 한소정

펴낸이 한혁수
펴낸곳 도서출판 다림
등록 1997년 8월 1일(제1-2209호)
주소 07228 서울시 영등포구 영신로 220 KnK디지털타워 1102호
전화 (02) 538-2913 | 팩스 (02) 563-7739
블로그 blog.naver.com/darimbooks
다림 카페 cafe.naver.com/darimbooks
전자 우편 darimbooks@hanmail.net

ISBN 978-89-6177-216-7 73600
ISBN 978-89-6177-030-9 (세트)

이 도서의 국립중앙도서관 출판예정도서목록(CIP)은 서지정보유통지원시스템 홈페이지(http://seoji.nl.go.kr)와
국가자료공동목록시스템(http://www.nl.go.kr/kolisnet)에서 이용하실 수 있습니다.(CIP제어번호: CIP2019047998)

© 송미숙, 2019

＊책값은 뒤표지에 있습니다.
＊이 책 내용의 일부 또는 전부를 사용하려면 반드시 저작권자와 도서출판 다림의 서면 동의를 받아야 합니다.
＊출판 당시 저작권자 확인 불가로 부득이하게 허가를 받지 못하고 사용한 그림에 대해서는 추후 저작권을 확인하는 대로
  절차에 따라 적법한 저작권료를 지불하겠습니다.
＊이 책은 해남 윤씨 종가 녹우당 문화재단의 저작물 이용 허락하에 만들었습니다.
＊미술놀이 작품을 만드는 데 도움을 준 강은유, 송세희, 김민서, 이시연, 김서진, 성수민, 추소윤 어린이에게 감사드립니다.

제품명: 윤두서-사실적인 묘사로 영혼까지 그린 화가	**제조자명**: 도서출판 다림	**제조국명**: 대한민국
전화번호: 02-538-2913	**주소**: 서울시 영등포구 영신로 220 knk디지털타워 1102호
제조년월: 2019년 12월 20일	**사용연령**: 10세 이상

⚠ 주 의
아이들이 모서리에 다치지 않게 주의하세요.

※KC마크는 이 제품이 공통안전기준에 적합하였음을 의미합니다.

차례

자화상에 담긴 소망　　　　　　　　　　　　7

존경과 애정을 담아 그린 그림　　　　　　　25

버드나무 아래 눈부시게 하얀 말　　　　　　43

'공경하다'라는 뜻이 담긴 호, 공재　　　　　69

서민들, 그림 속 주인공이 되다　　　　　　　87

호기심 많은 조선의 레오나르도 다빈치　　109

부록　　　　　　　　　　　　　　　　　　129

1. 윤두서의 발자취
2. 3원 3재, 조선의 천재 화가들
3. 미술관에 놀러 가요

| 일러두기 |
- 인명과 지명은 국립국어원의 표기법을 따르되 이미 굳어진 인명의 경우 관례에 따라 표기했습니다.
- 이 책에서는 그림의 진위가 완벽하게 고증되지 않은 작품을 구분하고 있습니다. 해당 화가가 그렸다고 '전해지는' 작품, 즉 '전칭작'은 수록 작품을 표기할 때 화가 이름 앞에 '전'이라는 글자를 덧붙여 두었습니다.

| 도움을 받은 책 |
- 박은순, 《공재 윤두서》, 돌베개, 2010
- 이내옥, 《공재 윤두서》, 시공사, 2003
- 차미애, 《공재 윤두서 일가의 회화》, 사회평론아카데미, 2014
- 이성낙, 《초상화, 그려진 선비정신》, 눌와, 2018
- 《공재 윤두서》, 국립광주박물관 도록, 2014

1장

자화상에 담긴 소망

■ 수록 작품

윤두서 〈자화상〉, 18세기 초, 종이에 연한 색, 38.5×20.5cm, 해남 윤씨 종가 (9쪽) ⓒ 국립광주박물관
전 윤두서 〈진단타려〉, 1715년, 비단에 색, 110.5×69.5cm, 국립중앙박물관 (10쪽) ⓒ 국립중앙박물관
레오나르도 다 빈치 〈모나리자〉, 1503~1506년, 패널에 유화, 77×53cm, 루브르박물관 (11쪽)
적외선 촬영된 윤두서의 〈자화상 사진〉 (13쪽) ⓒ 국립광주박물관
조선 시대 학자 〈김성일의 안경〉, 의성 김씨 종택 학봉기념관 (14쪽)
한경래 〈임매 초상〉, 1777년, 비단에 색, 64.8×46.4cm, 국립중앙박물관 (15쪽) ⓒ 국립중앙박물관
알브레히트 뒤러 〈자화상〉, 1500년, 목판에 유화, 67.1×48.9cm, 독일 뮌헨 고전회화관 (16쪽)
윤두서 〈자화상〉 턱수염 부분 (17쪽, 왼쪽)
알브레히트 뒤러 〈자화상〉 턱수염 부분 (17쪽, 오른쪽)
윤두서 〈자화상〉 눈 부분 (18쪽)
〈백동경(구리거울)〉, 일본 에도 시대(17세기), 해남 윤씨 종가 (19쪽, 위쪽) ⓒ 국립광주박물관
강세황 〈자화상〉, 1782년, 비단에 색, 88.7×51cm, 국립중앙박물관 (19쪽, 아래쪽) ⓒ 문화재청

누군데 이처럼 당당한 모습이지? 친구들, 혹시 이 그림 본 적 있니? 화면을 꽉 채운 얼굴, 정면을 바라보는 강렬한 눈빛, 치켜 올라간 눈매, 혈색 좋은 통통한 볼, 사방으로 뻗친 수염. 이미 한번 봤다면 틀림 없이 기억날 거야. 만약 처음 봤다면 지나치게 당당한 모습에 '도대체 어떤 사람이지?'라고 생각할 수도 있겠다. 누굴까? 누구기에 이렇게도 기운 넘치게 당당한 걸까?

맞았어! 그림 속 주인공은 조선 19대 왕 숙종 때의 선비 화가 윤두서야. 윤두서의 집안은 조선 시대 유명한 명문가였어. 그의 증조 할아버지인 고산 윤선도는 정철, 박인로와 함께 조선 시대 3대 시인 중 한 명으로, 국어 교과서에 나오는 〈어부사시가〉라는 훌륭한 문학 작품을 남겼어. 그리고 그의 외증손자인 다산 정약용은 조선 후기 실학을 집대성한 대학자야. 이런 대단한 학자 집안에서 태어난 윤두서는 여러 방면에 뛰어난 재능을 가지고 있었어. 이 초상화는 윤두서가 그린 자화상이야. 윤두서에 관한 이야기는 앞으로 천천히 하도록 하고, 이번 장에서는 자화상에 대해 좀 더 알아보도록 할 거야. 자, 그럼 지금부터 '재미있는 자화상 이야기'를 시작해 볼까?

윤두서의 〈자화상〉이야. 얼굴의 어두운 부분은 붓질을 많이 하고, 밝은 부분은 붓질을 적게 해서 입체감을 주었어.

중국의 학자 진단이 웃다가 말에서 떨어졌다는 고사를 담은 그림이야. 진단의 얼굴이 윤두서의 자화상과 꼭 닮아 있어.

〈자화상〉은 생각보다 작은 크기야

종종 윤두서의 자화상을 보고 첫인상이 무섭다고 여기는 친구들이 있더라. 어때, 너희들도 윤두서의 모습이 무섭다고 생각되니? 이렇게 우락부락하고 만만치 않아 보이는 강한 느낌은 무엇 때문일까?

이유야 여러 가지 있겠지만 첫 번째는 무성한 수염 탓이 아닐까 해. 정전기가 인 듯 사방으로 뻗쳐 있는 수염 말이야. 아, 그런데 자세히 보니 사방으로 뻗친 수염은 아무렇게나 막 그린 것이 아니었어. 한 올 한 올 정성을 다해 섬세하게 그린 것으로, 심지어 굵기, 길이, 방향이 모두 달라. 다만 사방으로 뻗쳐 있어 험상궂게 보이는 거였어.

이 수염 탓에 그림의 주인공이 점잖은 선비보다는 전쟁터에 나가는 씩씩한 장군으로 생각될 정도지.

〈자화상〉은 교과서보다 조금 큰 사이즈야. 인상이 워낙 강해서 겨우 A4용지 정도의 작은 크기라고는 아마 상상하지 못했을걸. 실제로 많은 사람들이 작은 크기에 깜짝 놀라고는 해. 그런데 유명한 그림 중에는 이처럼 생각보다 작은 그림들이 종종 있어. 예를 들면 프랑스 루브르박물관에 있는 〈모나리자〉도 그래. 그림이 워낙 작아서 그림을 직접 본 사람들은 한결같이 '이렇게나 작아?'라며 고개를 갸우뚱거린대.

그래, 명품은 크기와는 상관없는 거였어. 비록 크기는 작지만 두 그림 모두 주변을 압도하여 시선을 집중시키는 명품 중의 명품이라고 할 수 있단다.

프랑스 루브르박물관에서 가장 유명한 초상화 〈모나리자〉야. 〈모나리자〉 그림 앞은 관람객들로 늘 인산인해를 이룬대.

통통한 붉은 얼굴과 형형한 눈빛

〈자화상〉은 그 밖에도 특이한 점이 많은 그림이야. 얼굴 윗부분을 봐. 머리에 쓴 탕건* 윗부분이 싹둑 잘려 있는 거 보이지? 우리의 옛 초상화는 신체를 훼손하지 않고 똑같이 그리는 것을 매우 중요하게 여겼어. 특히 신체 중 얼굴은 눈, 코, 입, 귀는 물론 머리카락까지 온전히 그려야 했지. 그것은 화가라면 꼭 지켜야 할 규칙이었어.

그런데 이 그림은 이상해. 머리 윗부분이 잘린 초상화라니 윤두서는 왜 규칙을 어기고 독특한 모습으로 자신을 그렸을까? 뭐, 정확한 이유는 알 수 없다고 해. 다만 윤두서가 한양에서 고향 해남으로 낙향했던 즈음

*탕건
조선 시대에 벼슬아치가 갓 아래에 받쳐 썼던 모자.

에 〈자화상〉을 그렸다는 점에서 단서를 찾는 학자들이 있어. 탕건을 자른 것은 출세와 명예를 버리고 고향으로 훌훌 떠났던 마음을 보여 준다는 거야.

앞서 봤듯이 윤두서는 수염 덮인 얼굴을 털 한 올 한 올까지 정교하고 섬세하게 표현했어. 살이 통통한 붉은 얼굴과 형형한 눈빛 등도 실재감이 느껴지도록 정성을 기울여 묘사했지. 그런데 가만 보니 윤두서는 외모뿐 아니라 정신도 표현하려 고민했던 거 같아. 정면 자세와 강한 눈빛이 그 고민의 결과라고 볼 수 있지. 그는 얼굴을 정면으로 똑바르게 그려 자신의 부끄럼 없는 삶을 표현하고 싶었어. 인상에 남을 정도로 강한 눈빛도 마찬가지야. 그림 속에서 윤두서는 학문에 대한 선비의 꼿꼿한 의지를 강하게 내비치고 있는 중이지. 어쩌면 이것 때문일지도 모르겠다. 작은 그림이 큰 그림으로 착각될 정도로 에너지가 넘쳤던 이유 말이야.

그런데 그림이 무섭게 느껴지는 또 다른 이유도 찾았니? 그래, 〈자화상〉을 보면 귀와 목, 몸통이 없고 얼굴만 허공에 둥둥 떠 있는 것을 발견할 수 있어. 자세히 보니 더 무섭다고? 윤두서는 어째서 이런 그림을 그린 걸까? 결론부터 얘기하면 말이지. 원래 〈자화상〉은 목과 몸통이 있는 그림이야. 그림을 자세히 들여다보면 어깨선을 따라 그려진 옷 선이 희미하게 그어져 있는 것을 알 수 있단다. 물론 아주 유심히 살펴야만 보여. 섬세한 얼굴에 비해 너무 간략해서 잘 보이지 않았던 거야.

적외선으로 촬영한 〈자화상〉 사진을 볼래? 그림과는 달리 몸 부분이 선명하게 그려져 있는 모습을 볼 수 있어. 유탄으로 그린 몸 부분이 시간이 흐르면서 날아가 희미해지는 바람에 잘 보이지 않았던 거지. 유탄은 버드나무 가지를 태워 만든 숯을 말해. 옛 화가들은 유탄을 요즘의 4B 연필처럼 사용했어. 유탄은 화면에 달라붙는 점착력이 약해서 쉽게 지워지는 습성이 있거든. 수정이 편리해서 밑그림을 그릴 때 주로 사용했지. 〈자화상〉은 얼굴과 몸을 유탄으로 밑그림을 그린 후, 우리 초상화의 제작 순서대로 얼굴을 상세히 묘사한 그림이야. 그런데 몸통 부분은 어쩐 일인지 밑그림만으로 끝을 냈어. 그래서 〈자화상〉을 미완성작이라고 여기는 사람들도 있단다. 하지만 미완성이라고 하기에는 〈자화상〉의 얼굴이 너무 세밀하고 뚜렷하잖아. 혹시 윤두서가 얼굴의 느낌을 더욱 강하게 보이기 위해 일부러 그런 것은 아닐까?

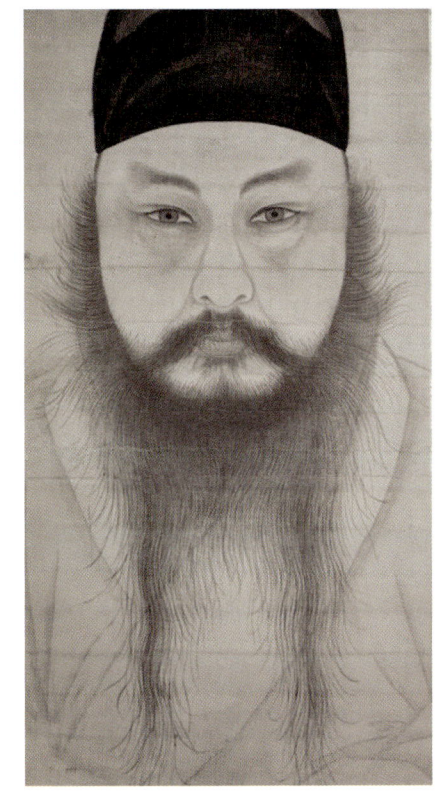

적외선으로 찍은 〈자화상〉 사진을 보면 옷깃과 옷 주름을 그린 밑그림 흔적이 뚜렷이 보이는 것을 알 수 있단다. 아마도 시간이 흐르면서 지워진 것으로 보여.

눈 주위가 동그란 건 안경 자국? 윤두서의 얼굴은 정면에서 보았을 때 정확한 좌우 대칭을 이루는 균형감이 있어. 얼굴은 단순한 타원형으로 이목구비가 매우 단정해. 전통 명암법인 육리문*을 이용해서 처진 눈 밑과 두툼한 뺨, 제법 높은 콧등을 표현했어. 조선 선비의 강인한 내면이 엿보이는 그림이야.

그런데 윤두서의 눈 주위가 동그랗게 붉은 것 보이니? 놀랍게도 그게

*육리문
얼굴의 광대뼈나 뺨 등을 표현하는 방법으로 가는 붓을 가지고 겹쳐 칠하여 어두움과 밝음을 나타내는 전통 초상 기법.

우리나라에서 가장 오래된 안경이야. 학자인 김성일이
명나라에 갔을 때 구입했던 거래. 안경다리 대신 끈을 귀에 걸어 사용했어.
안경알은 옥돌, 안경테는 거북의 등껍질로 만든 귀한 것이라고 해.

안경 자국이라는 주장이 있어. 선비인 그가 평소에 책을 많이 봐서 자주 안경을 썼는데 붉은 선이 그 안경 자국이라는 거야. 옛날 안경은 코 받침이 없고 끈으로 잡아당겨 고정하는 방식이라 눈 주위에 둥근 자국이 생겼다고 해. 조선 시대에도 안경이 있었는지 몰랐다고? 아마 그럴 거야. 박물관에서 옛날 초상화를 많이 볼 수 있지만, 안경 쓴 모습은 찾기 힘들 정도로 보기 어렵잖아.

안경과 관련된 재미있는 사실을 알려 줄까? 안경은 임진왜란 전후에 중국에서 들어온 것이라고 해. 그 시절 선진 문물이었던 안경은 귀한 물건이었어. 임진왜란 이후 안경 쓴 사람들에 대한 기록이 종종 발견되는 걸로 봐서는 아마 그때도 안경 쓰는 사람들이 꽤 있었나 봐.

그런데 말이지. 조선에서 안경은 사람들이 모인 곳, 특히 지위가 높거나 나이가 많은 사람 앞에선 쓰지 않는 것이 예의였대. 심지어 왕도 함부로 안경을 쓸 수 없었지. 조선 22대 왕 정조는 지독한 근시로 늘 안경을 썼지만, 공식적인 자리에서는 예의를 갖추기 위해 안경을 벗었다고 해. 조선의 마지막 임금인 순종도 평소 안경을 썼는데, 아버지인 고종을 만날 때는 절대로 안경을 쓰지 않았대. 이렇게 안경을 쓰는 예절 때문에 왕들조차 조심할 정도니 일반 백성은 어땠을지 짐작할 수 있겠지?

안경에 얽힌 에피소드를 하나 더 이야기해 줄게. 한번은 조선의 24대

왕 현종의 외숙부로, 당시 세도가였던 조병구가 안경을 쓰고 궁궐에 들어온 일이 있었나 봐. 현종은 안경을 쓴 그를 보고 크게 화를 냈어. 왕인 자신을 무시한다고 여겼기 때문이었지. 평소에는 따뜻하게 웃어 주던 조카 현종이 전에 없이 크게 화를 내자, 조병구는 너무 무서워서 스스로 목숨을 끊었다고 해. 이처럼 조선 시대에는 안경에 대한 까다로운 예절이 있었어.

아, 그리고 한마디 더 덧붙이자면 조선 시대 안경은 수입품으로 구하기도 어렵고 아주 비싼 물건이라 왕족이나 돈 많고 지체 높은 양반들이나 가질 수 있었대. 지금은 눈 나쁘면 너도나도 쓰는 흔한 안경인데 말이지. 아무튼 책을 많이 읽었던 윤두서도 분명히 안경을 썼을 것으로 여겨지지만, 예절을 생각해서 안경을 벗고 자화상을 그렸다는 거지. 워낙 사실적인 초상화라 안경 자국이 표시된 거였고 말이야.

책상 가운데 있는 안경 보이니?
책을 볼 때 안경을 썼다는 것을 알 수 있어.

어느 그림이 더 정교할까? 윤두서의 〈자화상〉은 사실적인 묘사로 당시에도 아주 유명했다고 해. 그의 친구였던 이하곤은 자신의 문집인 《두타초》에서 〈자화상〉에 대한 감탄과 찬사를 아끼지 않았어.

6척도 안 되는 몸으로 세상을 초월하려는 뜻이 있네.
긴 수염 길게 나부끼는 얼굴은 기름지고 붉으니
바라보는 사람은 신선이나 검객이 아닌가 의심하지만
저 진실한 기품은
곧은 군자로서 부끄러움이 없구나.
— 이하곤, 《두타초》 중에서

어때, 〈자화상〉에 보이는 모습 그대로지? 윤두서는 친구의 글처럼 부끄러움 없는 삶을 당당하게 살았던 멋진 화가였어. 이렇게 당당한 자화상은 조선 시대를 통틀어 매우 드문 경우로 손에 꼽을 정도로 귀해. 더구나 얼굴 정면을 그린 자화상은 유일무이하지. 그래서 자화상 중에서는 유일하게 국보로 지정되기도 했어. 그런데 말이야. 서양에서 가장 유명하다는 자화상도 정면을 바라보는 구도인 거 알고 있니?

바로 알브레히트 뒤러가 그린 자화상이야. 스물여덟 살 때 그린 그림으로 젊은 뒤러의 모습이 자신만만하게 표현되었어. 그는 세계 최초의 자화상을 그린 화가로도 기록되고 있는데, 열세 살 때부터 자화상을 그렸다고 해. 그래서인지 많은 자화상이 현재까지 남아 있지. 그중 옆에 보이는 모피 코트를 입고 있는 자화

세계 최초의 자화상을 그렸다는 알브레히트 뒤러의 1500년 작 〈자화상〉이야. 윤두서의 자화상처럼 강렬한 존재감으로 시선을 잡아끌고 있어.

상은 대표작으로 손꼽히는 작품이야.

예수님과 같은 고귀한 자태와 멋진 외모에서 권위와 자신감이 풍겨져 나와. 화면 왼쪽에서 쏟아지는 빛은 무대에서 조명을 받는 가수나 배우처럼 극적인 분위기를 연출하지. 표정이 엄숙한 것도 일품이고 말이야. 정면을 뚫어져라 똑바로 응시하는 진지한 눈매와, 엄숙하지만 긍지와 자신감으로 가득 찬 모습이 윤두서의 자화상과 데칼코마니*처럼 닮지 않았니?

최근에 두 그림을 비교하여 어느 그림이 더 정교할까에 대한 재미있는 연구가 있었어. 수염이 난 얼굴 부분을 같은 크기로 자른 후, 분포하는 털의 개수를 세어 본 거야. 두둥! 누가 이겼을까? 승리는 윤두서의 자화상이었어. 그의 자화상에는 두 배가량 더 많은 털이 그려져 있었지. 정말 놀라운 결과지. 이것은 윤두서뿐 아니라 우리나라 초상화의 정교함을 알려 주는 것으로 우리 초상화의 가치를 더욱 높게 평가하게 하는 결

*데칼코마니
종이 위에 그림물감을 바르고 그것을 두 겹으로 접거나 다른 종이를 그 위에 겹쳐 압착했다가 떼어 내는 방식으로 그림을 쌍둥이처럼 똑같이 표현하는 기법.

과이기도 해. 이런 세밀한 묘사가 가능했던 이유는 가는 붓 덕분일 거야. 윤두서가 자화상을 그릴 때 가늘고 빳빳한 쥐 수염으로 만든 붓을 사용했다고 전해지거든.

사진 역할을 대신한 초상화 윤두서의 〈자화상〉같이 얼굴이 주제인 그림을 초상화라고 해. 초상의 초는 '닮았다'는 뜻이고 상은 '얼굴'이라는 뜻이야. 즉, 초상화는 실제 모습과 꼭 닮게 그린 얼굴 그림을 말해. 동양에서는 초상화가 매우 중요한 분야로 발전해 왔어. 우리나라에서는 고구려 고분 벽화에 처음 등장했고, 고려를 지나 조선 시대에 와서는 정말 많은 초상화가 그려졌지. 조선에서 초상화가 발달한 이유는 충과 효를 중요하게 여겼던 유교의 영향 때문이야. 조선 사람들은 유교의 주요 풍속인 제사를 지내기 위해 초상화와 위패*를 사당에 모셔 놓았어. 말하자면 초상화가 사진 역할을 한 거야. 초상화는 윤두서처럼 스스로 그리는 경우는 아주 드문 경우였고 직업 화가들이 대신 그려 주는 것이 일반적이었어.

우리나라 초상화의 특징은 얼굴의 검버섯이나 상처 자국, 점 등도 빼놓지 않았던 사실성에 있어. 또한 성격이나 정신을 표현하는 것도 우리만의 특징이라고 볼 수 있지. 화가들은 사실적인 느낌을 위해 전신 사조*에 온 힘을 쏟았어. 전신 사조에서는 눈동자 묘사가 아주 중요해. 생각해 봐. 너희들도 엄마에게 거짓말을 했을 때 들킬까 봐 제대로 쳐다보지 못한 경험이 한 번쯤 있을 거야. 이처럼 마음

*위패
조상의 이름과 생전의 벼슬 등을 적어 놓은 작은 나무 막대.

*전신 사조
초상화를 그릴 때 사람의 지식이나 성품, 성격 등 내면을 표현하는 일.

윤두서 〈자화상〉의 눈 부분

속 생각까지 드러나는 눈은 얼굴 묘사의 핵심이라고 할 수 있어. 또한 눈동자는 그림을 잘 그린 건지 못 그린 건지 평가하는 중요한 기준이 되기도 했지.

그런 점에서 〈자화상〉이 전신 사조에 뛰어난 작품이라는 평가에 반대하는 사람은 아마 없을걸. 뚫어지게 바라보는 눈빛이 보는 사람의 마음까지 꿰뚫는 듯하잖아. 정말 대단하지 않아? 제대로 된 거울도 없던 시기에 이렇게 사실적인 자화상을 그리다니 말이야.

윤두서만큼 섬세하고 사실적인 초상화를 그린 조선 시대 화가로 강세황을 빼놓을 수 없지. 강세황은 윤두서보다 40여 년 뒤에 태어난 선비로 자화상을 세 점 그렸어. 가장 유명한 그림은 푸른색 도포에 오사모를 쓴 70세 자화상이야.

여기서 퀴즈 하나! 이 초상화에서 어색한 점은 뭘까? 정답은 모자와 옷이야. 서로 안 어울리는 차림이거든. 벼슬아치들이 관복을 입을 때 쓰는 오사모에, 옷은 일상복인 도포를 입고 있어. 이건 양복에 수영 모자를 쓴 것처럼 안 어울리는 차림새지. 지금은 벼슬에 매여 살고

윤두서가 자화상을 그릴 때 사용했다는 백동경이라는 구리거울이야. 구리거울이라 요즘 거울처럼 선명하지는 않아.

자화상 얼굴 양쪽에 있는 글을 '찬'이라고 하는데, 이렇게 스스로 그림과 글을 쓰는 것을 '자화자찬'이라고 해. 요즘은 자기 자랑을 하는 사람에게 흔히 쓰는 말이지.

있으나, 마음은 유유자적하게 평범한 삶을 살고 싶다는 강세황의 소망이 담겨 있다고 해. 비록 몸에 걸친 것은 격에 안 맞지만, 얼굴은 윤두서 못지않게 섬세하게 그린 자화상이야.

그런데 화가들은 왜 자화상을 그리는 걸까? 어떤 심리학자는 화가가 자신에 대해 깊이 생각하고, 그것을 세상에 이야기하고 싶을 때 그린다고 분석했어. 즉 세상을 향해 무언가 얘기하고 싶거나, 요구가 있을 때 그린다는 거야. 그렇다면 자화상은 화가의 고해성사나 세상을 향한 외침이라고 할 수 있겠지. 윤두서는 자화상을 통해 이렇게 세상에 말하고 싶었던 것은 아닐까? '부끄러움 없이 누구보다 떳떳한 삶을 살아갈 테니까 두고 봐!'라고 말이지.

미술놀이

〈자화상〉 따라 그리기

윤두서 하면 가장 먼저 떠오르는 그림인 〈자화상〉을 볼까? 털 한 올 한 올까지 정교하고 섬세하게 표현한 수염 덮인 얼굴, 실재감이 느껴지도록 정성을 기울여 묘사한 형형한 눈빛, 처진 눈 밑과 두툼한 뺨과 높은 콧등 등 윤두서는 한번 보면 기억에 남을 만큼 사실적인 묘사에 집중해서 그림을 그렸어. 〈자화상〉을 통해 내면의 의지와 자신의 정신세계를 강렬하게 표현하기 위해서였지. 우리도 다양한 재료들을 사용해 윤두서의 〈자화상〉을 꼼꼼하고 섬세하게 따라 그려 볼 거야. 마치 내가 윤두서가 된 것처럼 말이야.

준비물
〈자화상〉 출력물, 목탄, 색연필, 파스텔, 한지

활동 방법:

1
프린트된 윤두서의 〈자화상〉을 꼼꼼히 관찰해 가며 한지에 따라 그려 볼 거야. 먼저 목탄으로 얼굴부터 스케치해 볼까?

2

처음부터 섬세하게 그릴 필요는 없어. 실수를 줄이려면 전체적으로 그림을 그려 나가는 것이 좋아. 혹시라도 지우거나 새로 그리는 일이 생길 수도 있기 때문이지.

3

자, 전체적으로 그림이 완성된 느낌이 든다면 다시 한 번 관찰해서 스케치와 채색을 꼼꼼하게 마무리해 주자. 한지는 얇기 때문에 힘을 줘서 진하게 그리려고 하다 보면 찢어질 수 있으니 조심해야 해.

완성

다른 친구들의 그림도 함께 볼까? 재료에 따라 다른 분위기의 자화상이 완성되었어!

미술놀이

'나' 그리기

윤두서는 〈자화상〉을 통해 자기 자신에 대해 깊이 생각하고 작품 안에 자신의 소망을 담으려고 했어. 우리도 자신을 가장 잘 표현할 수 있는 방법으로 지금의 내 마음, 나의 꿈, 나의 미래에 대해 고민해 보고 그림으로 담아 보자.

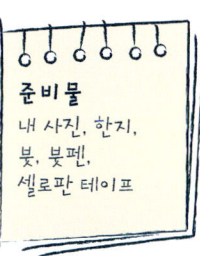

준비물
내 사진, 한지,
붓, 붓펜,
셀로판 테이프

활동 방법:

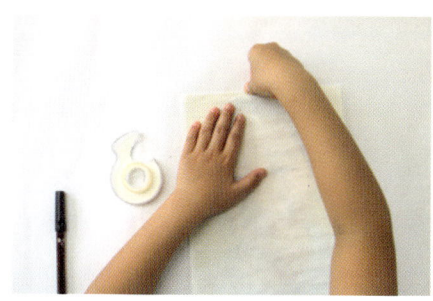

1

내 감정이나 생각을 담은 사진 한 장을 준비해 프린트하고 그 위에 한지를 붙여 줘.

2

한지 뒤에 비친 자신의 모습을 붓펜을 이용해 따라 그려 보자. 잘 보이지 않으면 창가의 햇빛을 이용해도 좋아. 훨씬 더 선명하게 보일 거야.

3

이제 색칠만 하면 완성이야! 간단하지? 붓에 물이 많으면 종이가 찢어질 수 있으니 조심하자.

완성

내 생각이나 소망이 담긴 얼굴이 그림으로 완성되었어.
다른 친구나 가족들에게 이 자화상이 어떤 감정과 마음을 표현한 것인지
퀴즈를 내 봐도 재미있을 것 같아!

2장

존경과 애정을 담아 그린 그림

■ 수록 작품

해남 윤씨 종가인 '녹우당' 전경 (27쪽) ⓒ 녹우당
이서 〈녹우당〉 현판, 해남 윤씨 종가 (28쪽) ⓒ 국립광주박물관
〈서죽과 영기경〉, 해남 윤씨 종가 (29쪽, 위쪽) ⓒ 국립광주박물관
김정희 〈불이선란〉, 1786년, 종이에 먹, 30.6×54.9cm, 국립중앙박물관 (29쪽, 아래쪽)
윤두서 《십이성현화상첩》 중 〈공자와 제자들〉, 18세기 초, 비단에 먹, 31.2×43cm, 국립중앙박물관 (31쪽) ⓒ 국립중앙박물관
〈부안 개암사 영산회괘불탱〉, 1749년, 삼베에 색, 1,325×919cm, 개암사 (32쪽) ⓒ 성보문화재연구원
윤두서 〈노승〉, 18세기 초, 종이에 먹, 37.8×58.4cm, 국립중앙박물관 (33쪽) ⓒ 국립중앙박물관
윤두서 〈신선〉, 18세기 초, 모시에 먹, 24.2×15.7cm, 국립중앙박물관 (34쪽) ⓒ 국립중앙박물관
윤두서 〈수하노승〉, 18세기 초, 종이에 먹, 26.7×60cm, 국립중앙박물관 (35쪽) ⓒ 국립중앙박물관
윤두서 〈낮잠〉, 18세기 초, 모시에 먹, 32×25cm, 해남 윤씨 종가 (36쪽)
윤두서 〈심득경초상〉, 1710년, 비단에 색, 160.3×87.7cm, 국립중앙박물관 (38쪽)

해남 윤씨 가문의 축복받은 종손 "응애! 응애!" "감축 드리옵니다! 대감마님! 아기가 참으로 좋은 운을 가지고 태어났으니, 장차 집안을 크게 번창시키고, 나라의 훌륭한 재목이 될 것입니다."

　1668년 초여름, 윤두서가 땅끝 마을 해남에서 태어났어. 그의 집안은 나라에서도 손꼽히는 큰 부자였고, 조상들이 대대로 큰 벼슬을 했던 쟁쟁한 가문이었지. 소위 금수저 중의 금수저인 셈이야. 그는 가문의 종손으로 사랑과 관심을 한 몸에 받으며 어린 시절을 더없이 풍요롭게 보내. 종손은 가문의 대를 잇는 맏손자로 집안의 크고 작은 일을 결정하고, 제사도 책임지는 사람이라 나이가 어려도 말을 놓거나 함부로 대하지 못하는 위엄을 가지고 있었어. 그래서인지 그는 어릴 때부터 행동이 조심스럽고 어른스러웠대. 사실 윤두서가 처음부터 종손으로 태어난 것은 아니었어. 윤씨 종가에 아들이 없자 집안의 큰 어른이었던 윤선도는 손자들이 태어날 때마다 점을 쳤다고 해. 그리고 자손 가운데 가장 좋은 운을

윤두서가 어릴 때 살았던 녹우당은 증조할아버지인 윤선도에게 조선의 17대 왕 효종이 하사한 저택이야. 뒷산은 비자나무 숲으로 유명한데 '뒷산의 바위가 보이면 마을이 가난해진다'라는 말이 있어 정성을 다해 가꾸었다고 해.

해남 윤씨 종가의 고택 사랑방에 걸린 〈녹우당〉 현판은 윤두서의 친구 이서가 써 준 거야.
녹우당은 녹색 비가 내리는 집이란 뜻이래.

가지고 태어났다는 윤두서를 종손으로 점 찍은 거야. 그래서 윤두서는 태어나자마자 종가의 양자로 입적되어 종손이 되었지.

촉망받던 종손 윤두서는 집안의 기대를 저버리지 않고 열심히 공부했어. 그리고 스물여섯 살이 됐을 때 순탄하게 과거에 급제했지. 그러나 관직 생활을 제대로 할 순 없었어. 당시는 조선 시대 역사상 당파 싸움이 가장 극심했던 때였거든. 서인과 남인으로 나뉘어 서로 치열하게 대립하던 시기였는데, 때마침 서인이 정권을 잡아 세력이 커지는 중이었지.

해남 윤씨 집안은 남인의 핵심 가문으로 서인의 집중적인 공격을 받게 돼. 그래서 윤두서가 과거 급제를 하고도 벼슬길에 나가지 못했던 거야. 벼슬은커녕 형을 비롯한 주변 사람들이 역모를 했다고 모함을 받아 귀양을 갔고, 자신도 연루되어 큰 어려움을 겪게 되었지. 물론 나중에 터무니없는 사실로 밝혀졌지만 말이야. 아무튼 사정이 이렇다 보니 권력에 실망을 느낀 그는 평생 벼슬 대신 학문과 예술을 벗 삼아 살아가게 돼.

학문과 예술에 큰 영향을 준 사람은 증조할아버지 윤선도였어. 윤선도는 경서*는 물론 천문, 음양, 지리, 의약, 복서*, 음악 등 다양한 분야에

*경서
유교 경전.

*복서
점치는 일.

걸쳐 조예가 깊고 아는 것도 많았는데 그 재능은 그대로 증손자인 윤두서에게 대물림되었어.

윤두서는 가풍 덕분에 폭넓은 학문과 지식을 습득한 만물박사였지만, 특히 그림에 남다른 감각과 재능을 보였어. 평생 벼슬에 나가지 않고 재야에 묻혀 살았던 그에게 그림은 삶에 위안과 위로를 주었지. 윤두서에게 그림은 훌륭한 취미이자 여가 생활이었던 셈이야. 그런데 취미로 그린 그림치고는 실력이 너무 뛰어났는지 그의 그림을 본 사람들은 누구든지 '혼자 보기는 정말 아까운걸!' 하며 감탄해 마지않았대. 어느새 윤두서의 그림 실력은 소문에 발이 달린 것처럼 빠르게 온 나라에 퍼져 나갔어. 그러고는 얼마 안 가 조선에서 가장 갖고 싶은 그림 1순위로 꼽힐 정도로 인기가 높아졌지.

그런데 말이야. 그는 부유한 가문의 종손이었잖아. 돈을 받고 그림을 팔 이유가 전혀 없었어. 진짜 취미 생활로 그릴 뿐이었지. 많은 사람들이 그의 그림을 갖고 싶어 했지만 마음 내킬 때 가까운 지인들에게나 그려 줄 뿐 함부로 그림을 주지는 않았대. 그래서인지 명성에 비해 그의 그림을 가진 사람은 매우 적었어. 하지만 문인 화가로서의 명성은 나날이 높아져 후대까지 크게 이름을 떨치게

함에 담긴 서죽(대나무를 깎아 만든 막대기)과 영기경(점 풀이 책)은 점칠 때 사용하는 것들이야. 윤선도가 윤두서를 종손으로 입양할 때 사용된 것으로 추정돼.

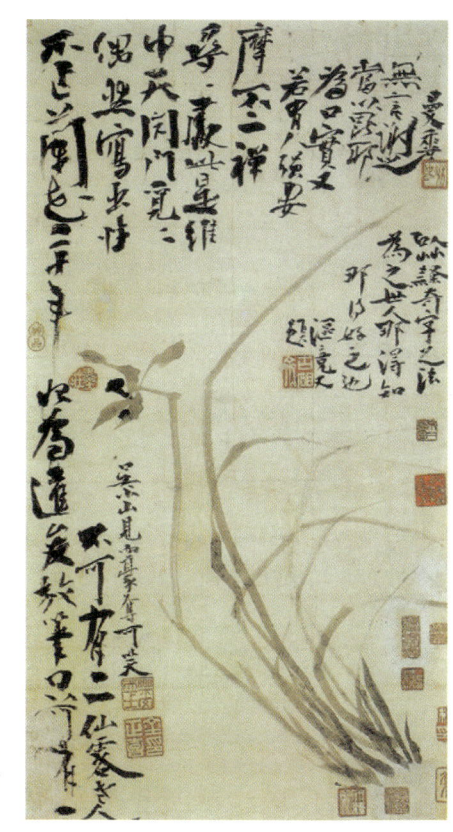

조선 말기 최고의 학자이자 추사체로 유명한 김정희의 난초 그림이야. 글씨를 쓰듯 난을 친 작품으로 걸작 중의 걸작이지. 김정희는 다른 그림에 대한 평가가 매우 까다로웠는데 윤두서의 그림은 특별히 높이 평가했대.

되었지. 〈세한도〉와 〈불이선란도〉로 유명한 추사 김정희도 옛 그림을 배우려면 반드시 윤두서의 그림을 먼저 봐야 한다고 이야기할 정도로 그를 깊이 존경했고 그의 그림을 높이 평가했어.

이상적인 인간의 모습 윤두서는 어떤 그림이든 잘 그려 낼 수 있는 능력 있는 화가였어. 팔방미인이었지. 그가 살던 숙종 시대는 당쟁이 치열해 정치는 어지러웠지만, 상공업의 발달로 나라의 경제는 하루가 다르게 형편이 좋아졌어. 나라 안에 굶는 사람이 사라지고 먹거리는 넘쳐 났지. 경제적 여유가 생기자 사람들은 고단한 삶에 휴식을 주는 예술에 관심을 갖게 돼. 예술에 대한 관심이 높아진 사회적 풍토는 윤두서에게도 영향을 주었어.

이미 그림에 천재적 재능을 보였던 그가 산수화, 인물화, 동물화, 풍속화 등 회화의 다양한 장르에 호기심을 갖고 폭넓은 그림을 그리게 된 거야. 그중에서도 인물화는 빼어난 솜씨가 두드러져 사람들이 특히 좋아하며 탐을 냈다고 해.

아, 그런데 인물화와 앞에서 본 초상화가 헷갈린다고? 쉽게 말하자면 인물화는 사람을 주제로 산수 등의 배경을 함께 그린 것이 많고, 초상화는 사람의 '얼굴'이 주제라 얼굴을 특히 자세하게 그린 그림이야. 초상화는 인물화에 속한다고 볼 수 있는 거지.

윤두서는 인물화의 소재로 유교 성인을 자주 그렸는데, 아마 유학을 공부했던 선비라서 그랬을 거야. 그는 평소 유교 성인의 모습을 가장 이상적인 인간의 모습이라고 생각했어. 그가 그린 유교 성인은 매우 인기 있어서 주변 친구들이 너도나도 매달려 그려 달라고 부탁했다고 해.

조선의 선비들은 유교의 시조이자 유학의 큰 스승인 공자를 존경하고 사랑했어. 선비들이 공자의 초상화를 갖고 싶어서 안달이 난 것은 당연한 일이었지. 유학자 이잠은 윤두서보다 여덟 살 많았는데 아주 어릴 때부터 왕래하며 윤두서와 깊은 우정을 나누었던 사이였어. 아래쪽에 있는 그림은 공자를 존경하던 이잠이 윤두서에게 특별히 부탁해서 얻게 된 그림이야.

그림을 살펴보면 윤두서는 공자를 주인공으로 세 명의 제자를 함께 그렸어. 탁상 위에 앉아 있는 사람이 공자야. 공자 뒤쪽에는 그림이 그려진 병풍이 있네. 공자 앞에 있는 제자는 왼쪽부터 안연, 자유, 증삼이야. 공자는 유교의 교주니까 이 그림은 일종의 종교화라 할 수 있어. 보통 종교화는 남과 다른 위대함을 나타내려 주인공을 다른 사람들보다 크게 그리곤 해. 예를 들면 불교에서는 부처님을 중앙에 크게 그리고 양 옆의 보살들은 작게 그려 놔. 기

공자와 안연, 자유, 증삼을 그린 그림으로
키다리였다는 공자를 제자들보다는 약간 크게 그렸어.

부처님은 크게 그리고, 주변 사람은 작게 그리는 종교화의 특징이 잘 드러난 작품이야. 붉은색과 녹색, 군청색을 주로 써서 강렬하고 화려한 색채 대비를 보여 주고 있어.

독교에서도 예수님은 크게 그리고 다른 사람들을 작게 그리는 방법을 선택하지. 유교에서도 다르지 않아. 공자를 크게 그리고 주위 제자들은 작게 그리는 것이 일반적인 방법이었어. 그런데 이 그림은 그렇지 않아. 공자를 제자들보다 덩치가 약간 큰 인물 정도로만 묘사했어. 공자는 실제 키가 2미터가 넘는 키다리였다고 하는데, 윤두서도 그 점을 염두에 둔 것 같아. 보통의 종교화처럼 주인공을 아주 크게 그리지는 않았지만, 키다리였다는 공자를 생각해서 다른 사람보다는 조금 크게 그린 거지. 성인으로서 위대한 공자의 모습을 애써 표현하기보다는, 옆에 있는 스승을 보는 것처럼 자연스럽고 친근하게 보이는 것에 중점을 두고 그린 것으로 생각돼.

이제 다시 주인공 공자를 볼래? 머리에 작은 건(모자)을 썼고, 숱 많은 눈썹, 구레나룻은 모두 가지런하고 정갈해. 성인답게 감정은 드러나지 않은 평온한 모습이야. 공자와 제자들은 유학자들의 평상복인 심의*를 입고 있어. 윤두서는 허리에 늘어뜨린 띠와 옷자락을 곡선으로 처리해서 그림의 분위기를 부드럽고 우아하게 만들었어. 그리고 가운데에 공자를 두고 양옆으로 제자들을 배치해 완전한 삼각형 모양을 이루게 했어. 이런 삼각형 구도는 편안한 느낌을 주는 장점이 있단다. 또한 알다시피 인물의 크기는 별 차이가 없지만 위치상 가운데 있

*심의
흰색 삼베나 무명으로 만들며 깃과 소맷부리 등 옷의 가장자리에 검은 비단으로 선을 두른 겉옷.

는 공자를 강조하는 효과도 주고 있지.

공자에게는 7,000명에 달하는 제자가 있었다고 해. 그중 공자 그림에 흔히 등장하는 제자는 안연과 증삼이야. 안연은 공자의 수제자로 덕행이 뛰어났고, 증삼은 효자로 유명했대. 그런데 윤두서는 어째서인지 자신의 그림에 자유를 추가했어. 윤두서는 왜 뜬금없이 자유를 그려 놓은 걸까? 자유는 문학에 재능 있는 제자인 동시에 자신의 고을을 잘 다스린 소문난 정치가이기도 했대. 정치가로서 훌륭하고 현명하게 처신해서 공자도 인정할 정도였지. 윤두서는 이런 자유를 그려 놓음으로써 과거 시험에 합격하고도 벼슬에 나가지 못한 안타까움과 당시 조정에 대한 걱정을 표현한 것은 아닐까?

*장삼
승려의 웃옷으로, 가장 겉에 입는 옷.

*도석 인물화
도교의 신선이나 불교의 부처, 승려, 나한 등을 그린 인물화를 말함.

세속을 떠난 스님의 고결함

터벅터벅, 한 스님이 어슴푸레한 새벽 산길을 걷고 있어. 새벽의 청량한 공기를 내뿜고 있는 그림을 가만히 들여다보고 있자니 서늘한 바람 냄새가 나는 듯해. 이 그림은 당연히 검은 장삼*을 입은 스님이 주인공이야. 스님을 그린 그림을 동양 회화 장르로 구분하면 도석 인물화*라고 하는데 윤두서는 이런 그림도 잘 그렸어.

그림은 흰 종이에 검은 먹으로만 그려 아

대나무 잎들 사이에 있는 붉은 낙관 보이지?
윤두서의 호인 공재가 새겨져 있어.

주 담백하고 검소해. 오랜 세월의 흔적으로 해지고 조금은 낡아 보이네. 비록 먹색이 날아가 바랜 상태지만, 이 그림을 두고 대단한 걸작이라고 칭찬하는 사람들이 많아. 세속을 떠난 스님의 고결한 인격이 잘 드러나도록 군더더기 없이 표현해서 그런가 봐.

그림의 구성과 표현도 간단해. 언덕길을 내려오는 스님은 맨발에 장삼과 가사를 걸치고, 왼손에는 염주를, 오른손에는 지팡이를 들고 있어. 눈에 띠는 거칠고 굵은 옷자락은 붓에 짙은 먹물을 듬뿍 묻혀 빠르게 그려 낸 거야. 긴 지팡이를 표현한 방법도 대범해. 쓱쓱 한 번의 붓질로 구불구불한 지팡이를 단번에 완성했지. 세속을 떠난 고결한 수도자의 모습이 기다란 지팡이 때문에 더욱 특별해 보여.

스님은 깡말라 앙상한 모습이야. 튀어나온 정수리, 처진 눈썹과 입매, 쑥 들어간 눈, 도드라진 광대뼈, 주름진 목, 겉옷 틈으로 보이는 빈약한 가슴, 비쩍 마른 손……. 오랜 수행으로 몸은 나뭇가지처럼 말랐지만, 스님의 맑은 정신이 그림 전체에 스며 있는 것을 느낄 수 있어. 배경에는 언덕 선을 따라 대나무와 풀잎이 간략하게 표현되어 있을 뿐이야. 나머지는 생략되어 황량한 느낌이 들 정도지.

많은 사람들이 걸작이라고 칭찬하는 이 그림의 가치는 대비와 조화로 더욱 높아졌

《알라딘》의 지니처럼 호리병 속에서 무언가 나오는 모습이 담긴 신선 그림이야. 신선의 표정을 재미있고 생생하게 그렸어. 고고한 스님의 모습과는 또 다른 특징이 있지?

튀어나온 정수리와 긴 눈썹은 오랜 수행으로 얻어진 지혜와
경륜을 나타내는 것으로 성인을 상징한다고 해.

어. 스님의 옷이나 지팡이의 묘사는 선으로 거칠게 표현한 데 반해, 얼굴은 가는 붓으로 꼼꼼하게 그려 조화시킨 점 말이지. 한 폭의 그림에 전혀 다른 기법으로 대비시킨 것은 매우 독특한 방법이거든. 이런 점이 그림의 가치와 특별함을 높여 준 셈이야. 또한 윤두서는 그림을 그릴 때 송광사의 스님을 모델 삼아 그렸다고 하는데, 이런 실재감이 있는 것도 특별함을 살리는 요소지.

국립중앙박물관에 소장된 부채 그림에도 비슷한 스님이 등장해. 여기선 스님이 지팡이를 어깨에 걸치고는 나무 밑에 앉아 있어. 스님은 근처에 흐르고 있는 개울물 소리를 듣고 있는 중이란다. 넓게 펼쳐진 나뭇가지는 스님을 보호하듯 감싸고 있어. 덕분에 그림이 꽉 찬 느낌이 들지. 튀어나온 정수리, 눈 밑까지 길게 내려와 있는 눈썹 등은 앞에서 봤던 낯익은 스님의 모습이야.

　그림의 왼쪽 끄트머리에 글이 쓰여 있지? 친구 이하곤에게 그림을 주었다는 내용을 적어 둔 거야. 이하곤도 윤두서와 같이 평생 벼슬하지 않고 세속적인 욕망을 멀리하려고 노력한 사람이었어. 윤두서는 자신과 친구를 세상일에 초월한 스님과 같다고 생각했어. 속세를 버리고 산속에서 물소리를 듣는 스님처럼 고결하고 자유롭다는 것을 이야기하고 싶었던 거지.

어느 여름날 오후의 한가로움 윤두서의 인물화 가운데 특히 노련한 솜씨가 돋보이는 그림이 있어. 나무 아래에서 낮잠을 자는 인물의 모습을 한가롭고 태평스럽게 표현한 작품이야.

　그림은 3단으로 구성되어 있어. 평상에서 낮잠 자는 인물을 그려 놓은 아랫부분, 시원하게 공간을 비워 둔 가운데 부분, 나뭇잎이 촘촘한 나뭇가지가 그려진 윗부분이지. 화면 가운데를 비운 것은 신의 한 수였어. 위아래가 빡빡해서 답답할 수 있는 그림에 여유를 주고 있잖아. 빈 공간 덕분에 낮잠을 자는 주인공이 눈에 잘

무성한 나뭇잎은 물기가 묻어 있는 듯 촉촉하게 표현했어. 곤히 잠든 선비의 얼굴이 인상적이야.

띄기도 하고 말이야.

평상 끝에 부채가 놓여 있는 걸 보니 계절은 여름이야. 왼쪽에 있는 나무는 오른쪽을 향해 둥글게 휘어져서 그늘을 드리우고 있어. 마치 우산을 쓴 것처럼 낮잠 자는 선비에게 아늑함을 선물하고 있는 거야. 낮잠 자는 인물의 평화로운 표정, 한쪽 발이 평상 밖으로 삐져나온 편안한 자세, 부드럽고 율동적인 옷의 선. 이 모든 것에 한여름 날 오후의 한가로움이 듬뿍 담겨 있어. 시원한 나무 그늘 아래에서 낮잠을 자는 인물을 보고 있으니 근심과 걱정이 순식간에 사라지고 나른한 편안함이 밀려오는 듯해. 윤두서도 이 그림을 그리며 아무 걱정 없이 살아가는 평화로운 일상을 꿈꾸지 않았을까?

소중한 친구를 추억하며 그린 초상화 1710년 7월, 윤두서에게 슬픈 일이 일어났어. 소꿉친구이자 먼 친척인 심득경이 갑자기 세상을 떠났거든. 평생 학문을 함께하던 단짝이었기 때문에 윤두서의 충격은 매우 컸어. 윤두서는 심득경과의 우정을 추억하기 위해 그의 초상을 그리기로 결심했어. 윤두서는 본래 그림을 잘 그린 화가였지만 이 초상화를 그릴 때는 더욱더 정신을 모아 집중했어. 친구의 빼어난 인품과 용모를 고스란히 옮겨 그리는 데 조금의 실수도 하고 싶지 않았던 거야. 겨울밤의 차가운 초승달같이 반듯했던 친구 심득경의 풍채와 태도를 부드럽지만 선명하게 나타내고픈 욕심이 있었지. 그리고 그림에 쏟은 애정만큼 만족할 만한 초상화가 완성됐어.

*동파관
조선 시대 선비가 평소에 쓰던 관으로 송나라 때 시인 소동파가 썼던 관이라 하여 동파관이라 함.

*중간색
색상환에서 삼원색의 중간에 있는 색. 주황, 초록, 보라를 이름.

심득경은 공수 자세로 단정하게 의자에 앉아 있어. 그의 얼굴은 창백하고, 수염은 가지런하며, 입술은 붉고 기품이 넘쳐. 눈은 맑고 눈썹과의 사이는 넓은 편이야. 눈동자는 동공은 까맣게, 홍채는 연하게 처리했어. 코는 간결하게 그렸는데, 콧날 부분은 옅은 먹으로 가볍게 칠해 입체감을 살렸지.

머리에는 동파관*을 쓰고 선비들의 평상복인 도포를 입고 있어. 연한 갈색의 동파관은 잠자리처럼 가볍게, 옅은 회색빛 도포는 풍성하게 표현했어. 허리엔 가는 푸른 끈을 묶은 다음 늘어뜨려 포인트를 주었지. 비단신의 색도 역시 연한 푸른색을 사용해 세련된 맛은 두 배가 되었어. 이런 중간색*은 그림에 은은한 분위기를 주기도 하고, 주인공의 인품을 단정하고 온화하게 보이도록 유도하기도 해. 청렴하고 말끔한 맛을 살리기 위해 배경은 생략했어. 채색은 담담하니 깔끔하게 처리했지. 윤두서는 먼저 떠난 친구를 추억하며 정성을 다해 이 초상화를 완성했어.

그래서일까? 윤두서가 이 초상화를 완성하자마자 곧바로 심득경의 집으로 보내 주었는데 한바

윤두서가 단짝 친구 심득경의 모습을 부드럽고 품위 있게 표현한 초상화야. 오른쪽 아래에 '숙종 36년 경인년(1710년) 11월 그림을 그렸을 때는 공이 돌아간 지 4개월째다. 해남 윤두서가 그렸다.'라고 적어 놓아 정확한 제작 시기를 알 수 있어.

탕 난리가 났어. 초상화가 어찌나 생생한지 심득경이 살아서 돌아왔다며 온 가족이 깜짝 놀라 엎드려서 엉엉 울어 버린 거야. 짐작하듯이 〈심득경초상〉은 얼굴을 직접 보면서 그린 초상화가 아냐. 죽은 친구의 옛 모습을 기억하며 그렸던 초상화였지. 그런데도 심득경의 모습이 살아 있는 듯이 생생하다며 눈물을 흘렸다고 하니, 평생을 함께한 친구에 대한 윤두서의 존경과 애정이 그림 속에 고스란히 드러났나 봐.

미술놀이

내 친구의 초상화 그리기

준비물
A4용지, 도화지, 연필, 크레파스, 볼펜, 셀로판테이프

윤두서는 평생을 함께한 친구에 대한 존경과 애정으로 정성을 다해 〈심득경초상〉을 그렸어. 정말 놀라운 점은 친구가 죽은 뒤 그의 모습을 하나하나 떠올리면서 그렸다는 점이야. 우리도 잠시 눈을 감고 친구의 모습을 하나하나 떠올리며 종이 위에 나의 친구를 담아 보자. 아주 특별한 시간이 될 거야.

활동 방법:

1
친구의 모습을 떠올려 보며 A4용지 위에 연필을 이용하여 친구의 모습을 스케치해 보자.

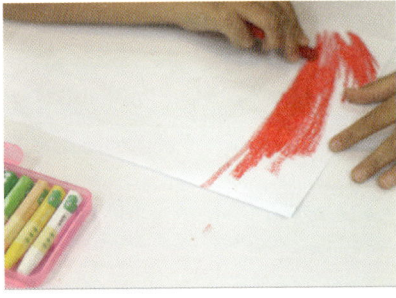

2
스케치가 끝났으면 종이 뒷면에 다양한 색의 크레파스로 색칠을 해 줘. 이때 빈틈없이 꼼꼼하게 색칠해 주는 것이 중요해.

3

색칠한 부분이 아래로, 친구를 스케치한 부분이 위로 가도록 A4용지를 도화지 위에 붙여 보자. 나중에 떼어 내기 쉽게 모퉁이에만 살짝 셀로판테이프를 붙여 줘.

4

스케치한 그림 위를 볼펜으로 따라 그려 줘. 이때 힘을 줘서 따라 그려야 해. 그래야 나중에 그림이 더 선명하게 보인단다.

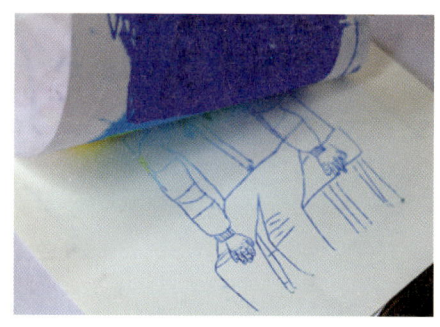

5

모두 따라 그렸으면 A4용지를 떼어 내자.

완성

어때? 친구의 모습이 알록달록 다양한 색으로 나타났어!

3장

버드나무 아래 눈부시게 하얀 말

■ 수록 작품

윤두서 〈버드나무 아래의 하얀 말(유하백마)〉, 비단에 연한 색, 34.3×44.3cm, 해남 윤씨 종가 (45쪽)
윤두서 〈버드나무 아래의 하얀 말〉 부분 (46쪽~48쪽 위)
전 윤두서 〈말 타는 선비(마상처사)〉, 비단에 색, 98.2×57.5cm, 국립중앙박물관 (48쪽, 아래쪽) ⓒ 국립중앙박물관
전 윤두서 〈여덟 마리의 말〉, 비단에 색, 42.5×34.8cm, 국립중앙박물관 (49쪽) ⓒ 국립중앙박물관
윤두서 〈세 마리의 말〉, 종이에 먹, 16.4×10.2cm, 해남 윤씨 종가 (50쪽)
윤두서 〈사슴(심산지록)〉, 17세기 후반, 종이에 연한 색, 127×90.5cm, 간송미술관 (51쪽) ⓒ 간송미술관
윤두서 〈구름 속의 용(운룡)〉, 18세기 초, 종이에 색, 29.6×25.5cm, 해남 윤씨 종가 (52쪽)
〈백자철화 구름용무늬 항아리〉, 17세기, 높이 29cm, 경기도박물관 (53쪽) ⓒ 경기도박물관
윤두서 〈용〉, 종이에 먹, 10.8×14.1cm, 해남 윤씨 종가 (54쪽)
윤두서 〈싸우는 용(격룡)〉, 종이에 연한 색, 21.6×19.6cm, 해남 윤씨 종가 (55쪽)
윤두서 〈싸우는 용(격룡)〉 부분 (56쪽)
카라바조 〈과일 바구니〉, 1596년, 캔버스에 유채, 64.5×46cm, 암브로시아나 미술관 (57쪽)
장승업 〈수선화와 그릇〉, 비단에 연한 색, 110.9×46cm, 국립중앙박물관 (58쪽)
윤두서 〈채소와 과일〉, 18세기 초, 종이에 연한 색, 30×24.2cm, 해남 윤씨 종가 (61쪽)
윤두서 〈석류와 매화〉, 18세기 초, 종이에 연한 색, 30×24.2cm, 해남 윤씨 종가 (62쪽)

오랜만의 외출에 신바람이 났어 아침에 내린 비로 봄이 성큼 다가왔어. 살랑거리는 산들바람에 버드나무 가지는 물결치듯 흩날리고, 양지바른 언덕에는 풀들이 푸릇푸릇 돋아났지. 겨우내 마구간에서만 지내 온 하얀 말은 실로 오랜만의 외출에 콧바람이 절로 났어. 주인이 하얀 말을 너무 사랑한 나머지 겨울 내내 노심초사하여 밖으로의 출입을 금지 시켰었거든. 신바람 나는 외출, 바로 오늘이야! 점심을 일찍감치 먹고 집을 나선 주인은 사랑하는 하얀 말과 함께 산기슭의 버드나무 그늘에 섰어. 저 산 너머서 시원한 바람이 때마침 불어왔지. 오래간만에 밖에 나

눈처럼 하얀 말이 버드나무 아래서 산들 부는 봄바람을 맞으며 쉬고 있어.
말의 한가로운 여유가 느껴지지 않니?

와서인지 말이 약간 흥분했나 봐.

'히이힝!'

숨소리가 거칠어졌어. 주인은 잠시 말이 편히 쉴 수 있도록 나무 기둥에 고삐를 느슨하게 묶어 놓고, 혼자 주위를 둘러보기로 해. 덕분에 하얀 말은 나무 아래서 신선한 공기를 만끽하는 중이야.

'아, 상쾌해!'

맑은 날씨에 때마침 불어오는 산들바람, 눈부시게 빛나는 하얀 말이 있는 풍경은 그림처럼 평화롭고 한가로워 보였어. 아뿔싸! 왜 그림 도구를 안 가지고 온 거지? 두말 필요 없을 정도로 멋진 장면인데 말이야. 사랑하는 하얀 말의 멋진 모습을 그릴 생각에 마음이 급해졌어. 주인은 부리나케 하인을 불러 종이와 붓을 집에서 가져오게 해. 솜씨 좋은 주인 윤두서의 손으로 금세 미풍에 흔들리는 늘어진 나뭇가지, 부드럽게 펼쳐진 언덕, 버드나무에 매여 있는 하얀 말이 사진을 찍은 듯 화면 위에 그대로 옮겨졌어.

말의 전체적인 모습을 먼저 볼까? 윤두서는 말의 윤곽선을 그린 후 흰색으로 바탕색을 칠해 기본적인 겉모습을 완성했어. 그러고는 가는 붓에 먹물을 조금씩 묻힌 다음 하얀 말의 갈기와 꼬리, 다리의 작은 털 등을 자세하게 묘사해 나갔지. 입, 코, 발굽 등의 표현에도 먹을 사용했는데, 먹의 짙고 옅은 강약을 이용해 명암을 표시했어. 눈이 하이라이트야. 먹

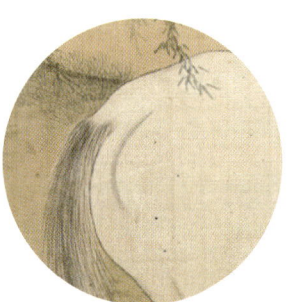
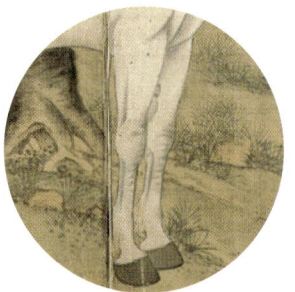

으로 윤곽선을 그린 후 눈동자에 붉은빛이 도는 색을 칠해 강조했지.

자, 이제 하얀 말에게 볼륨감을 줄 차례야. 목과 어깨, 엉덩이 그리고 다리의 굴곡 부분이 잘 드러나도록 신경 써야 하거든. 우선 근육 때문에 생긴 그늘은 먹으로 살짝 칠해 명암을 주었어. 그리고 자연스러움을 위해 그 위에 호분을 바르고 문지르는 과정을 반복했지. 하얀색이 더욱 빛나도록 정성을 들인 거야. 그래서 말의 볼륨감이 자연스럽고 건강해 보이는 것 같아.

디테일이 살아 있는 하얀 말 조금 더 하얀 말을 살펴볼게. 먼저 말의 머리 부분을 볼까? 두 귀는 쫑긋 앞으로 향하고, 정수리의 털들은 두 갈래로 갈라져 이마를 가리고 있어. 눈은 커다래. 눈꼬리가 약간 쳐져 있는 모습이 마치 사람의 눈과 비슷하지 않니? 따뜻하면서도 착한 느낌이 드는 눈매야. 긴 콧등은 곡선을 그리며 휘어져서 콧구멍에 이르는데, 콧구멍과 입은 매우 사실적으로 표현되었어. 심지어 콧등 끝의 더듬이 털도 놓치지 않으려 세심한 신경을 썼지.

말의 얼굴에 있는 줄은 말굴레라고 하는 거야. 보통 말을 탈 때는 입에 재갈을 물려야 하지만, 하얀 말은 잠깐 산책 나온 거라서 강아지 목줄처럼 간단한 말굴레만 씌운 거였어. 진한 녹색의 말굴레, 버드나무에 매인 붉은색 고삐는 말의 흰색과 조화되어 그림에서 생동감뿐 아니라 품위까지 느끼게 해.

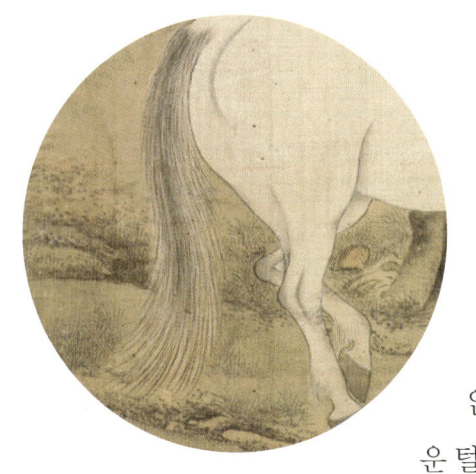

그나저나 꼬리털은 정말 예술이지 않니? 어느 곳보다 집중해서 그린 듯 꼬리털 하나하나가 아주 세밀하게 표현되어 있어. 마치 빗으로 빗어 놓은 듯 길고 가지런한 꼬리털에 흰색 물감을 살살 문질러 튀지 않게 그러데이션 처리했어. 눈으로 보기만 해도 부드러운 털의 촉감을 느낄 수 있을 정도지.

버드나무는 하얀 말과 함께 그림의 중요한 구성 요소라 할 수 있어. 바람결에 흔들리는 나뭇가지를 그린 것은 윤두서가 아마 고민 끝에 내린 결정이었을 거야. 자신 있게 하얀 말을 화면 가득 그렸지만, 꽉 찬 화면 때문에 조금 답답한 기분이 들었거든. 고민 끝에 말의 앞쪽 빈 공간에 바람에 휘날리는 버들가지를 그려 넣어 자연스럽고 시원한 느낌을 살리기로 했지. 탁월한 아이디어였어. 그림 위에 자연스러운 개방감과 생동감이 살아났어. 앞 가지는 짙게, 뒤 가지는 옅게 처리하여 거리감을 표현하고, 나무 기둥은 명암으로 입체감을 살려 마무리했지. 이렇게 완성된 그림 속 하얀 말은 버드나무 아래에서 생동하는 봄의 냄새와 기운을 맘껏 즐기고 있는 중이야.

〈버드나무 아래의 하얀 말〉의 하얀 말과 닮은 말이 등장하는 그림이야. 하얀색 말은 상징성이 강해. 고대에는 신에게 제물로 바쳐지기도 했고, 왕이나 유명한 장군들이 타던 말도 대부분 백마였다고 해. 백마에는 고귀함과 신비스러움 그리고 상서로움이 깃들어 있다고 생각했기 때문이야.

중국 주나라 목왕이 아꼈다는 여덟 마리의 뛰어난 말을 그린 거야.
말의 동작과 표정이 각각 달라서 재미있어.

신의 솜씨라는 찬사 윤두서는 평소 말을 무척이나 사랑했대. 그래서 당연히 말 그리기를 즐겼는데 잘 그리기도 한 거야. 어찌나 말을 잘 그렸는지 당시 신의 솜씨라는 찬사를 받을 정도였지. 말에 대한 애정으로 말을 직접 기르기도 했어. 그런데 말을 직접 타는 일은 매우 드물었다고 해. 말을 지나치게 아낀 나머지 가까운 거리는 물론 멀리 나들이 갈 때도 함부로 타지 않았다는 거야. 본인뿐 아니라 집안 식구들에게도 말타기 금지령을 내렸는데, 어쩌다 볼일을 위해 말을 탔다가 들키는 날엔 크게

마른 붓으로 쓱쓱 그린 거야. 윤두서가 연습 삼아 스케치한 것으로 보이는데 크기도 아주 작아.

야단을 들었다고 해. 이쯤 되면 말에 대한 애정이 지나쳐서 유별나다고 할 수 있지. 윤두서는 말을 인간이 타고 다니는 동물이 아니라, 인간과 대등한 '진짜 친구'로 생각했었나 봐.

어쨌든 윤두서는 말을 소유한 덕분에 좋아하는 말을 맘껏 그릴 수 있어 더없이 행복했어. 그는 말을 그리기 위해 시간이 생길 때마다 말 옆에 앉아서 해 지는 줄 모르고 관찰했다고 해. 그것도 모자라 밤에는 화보나 중국의 유명한 말 그림들을 베껴 그리며 연습하기도 했대. 말을 그릴 때 중요한 것은 순간적인 동작과 표정을 잡아내는 거야. 평소에 세밀한 관찰과 수많은 연습을 하지 않으면 그리기 어려운 부분이지.

동물 그림은 직업 화가들도 어려워하는 그림이었어. 한번은 사람들이 이름난 화가에게 물었어. 무엇이 가장 그리기 쉬운지 그리고 무엇이 가장 그리기 어려운지 말이야. 화가는 개와 말 등 동물이 그리기 가장 어렵고, 귀신이 가장 쉽다고 했어. 귀신은 형체가 없어 아무렇게나 그려도 귀신이지만 개나 말은 주위에 흔하게 보이는 동물이라 못 그리면 어린아이들조차 바로 알아채기 때문이라고 대답했지.

맞았어. 윤두서의 말 그림이 신의 솜씨라는 높은 평가를 받은 것은 끝없는 노력으로 얻은 값진 결과였어. 수백 수천의 연습이 명품을 만든 셈이야. 그러니 당연하겠지. 윤두서가 말 그림에 관해서는 라이벌도 없다는 찬사를 받은 것 말이야.

무성한 풀들 사이의 흰 사슴

앞에서 본 하얀 말도 그랬지만 흰색 동물은 신성함을 상징해. 그래서 윤두서가 그린 이 흰 사슴이 등장하는 그림도 볼수록 신비함을 주는 듯해.

먼저 배경을 볼까? 깊은 산속 커다란 소나무 아래엔 작은 대나무들과 억센 풀들로 가득해. 풀 사이사이엔 영지버섯과 야생화, 돌 등이 뒤섞여 있어. 그 틈에 주인공 흰 사슴이 보여. 사슴은 경사진 언덕을 막 내려오는 중이야. 위쪽 나뭇가지는 사슴과 같은 방향으로 뻗쳐 있어 사슴과 평행선을 이루고 있네. 이런 구도는 운동성과 통일감을 주는 데 효과적이야.

그림의 소재인 사슴이나 영지버섯, 소나무, 대나무는 모두 장수를 상징해. 옛날부터 길고 멋진 뿔을 가진 사슴은 장수를 상징하는 대표적인 동물이었어. 영지버섯은 '불로초'라 불리며 늙지 않고 오래 사는 묘약으로 알려져 있고, 소나무도 지조와 절개뿐 아니라 장수를 상징하지. 대나무는 글자에 의미가 있는 식물이야. 대나무의 한자인 죽(竹)은 중국어로 축(祝)의 발음과 같아. 그래서 대나무는 '축원한다'는 뜻을 담고 있대. 맞았어. 이런저런 상징물로 가득한 이 그림은 장수를 기원하는 그림으로 볼 수 있어.

하지만 소재만 가지고 그림을 해석하면 숨어 있는 다른 의도를 깜박 놓칠 수도 있단다. 이 그림도 그래. 왼쪽 위에 쓰인 글을 볼래?

멋진 뿔이 달린 흰 사슴, 영지버섯, 소나무, 대나무가 등장하는 그림이야. 윤두서의 그림 중에서는 드물게 큰 사이즈의 작품으로 꽉 찬 구성과 정교하고 섬세한 표현이 특징이야.

수풀은 무성하고 영지는 빼어나
깊은 산에는 색다른 봄이 있네.
중원은 비바람 치는 밤이니
이곳이 몸 숨기기에 좋구나.

정치적인 어려움을 피해 자연에 묻혀 사는 삶을 노래한 내용이야. 그래, 이 시는 윤두서 자신을 노래한 거였어. 윤두서가 당파 싸움 때문에 벼슬을 포기하고 학문과 예술을 즐기며 살았다고 했잖아. 그는 자신의 삶을 산속에 사는 사슴에 빗댄 거야.

'중원은 비바람 치는 밤이니, 이곳이 몸 숨기기에 좋구나'라는 부분을 봐. 비바람 같은 당쟁을 피해 살고 있는 자신을 신성하고 고고한 흰 사슴에 비유한 것 같지 않니? 흰 사슴은 또 다른 윤두서의 자화상인 셈이지.

먹구름을 일으키며 비를 뿌리는 용

윤두서의 용 그림은 장안의 화제였어. 용은 누구나 그릴 수 있는 그림이 아니었거든. 실재하지

※ 전서체
한자의 다섯 가지 서체 중 하나로, 가장 먼저 생겨난 서체.

부채 왼쪽 귀퉁이에 '희룡행우'라는 글씨를 전서체*로 써 놓았어.

않는 상상의 동물이라 그런지 당시 용을 그리는 화가는 매우 드물었다고 해.

윤두서의 용 그림 중 대표적인 작품은 부채에 그려진 〈운룡〉이라는 그림이야. 사실 용 그림에는 농사지을 때 꼭 필요한 비를 기원하는 소망이 담겨 있어. 그래서 용은 구름과 함께 그리는 경우가 많아. 〈운룡〉도 마찬가지야. 부채 왼쪽 귀퉁이에 '용이 조화를 부려 비를 오게 한다'라는 뜻의 '희룡행우'라는 글을 적어 비를 내려 주길 기원했지.

그림을 자세히 볼까? 용 한 마리가 먹구름을 일으키며 비를 뿌리는 모습이 부채에 가득해. 먹구름을 극대화하기 위해 짙은 먹물을 듬뿍 사용했어. 일렁이는 흰 구름은 용과 뒤섞인 검은 구름을 구별해 주는 역할을 해. 뭉글뭉글한 희고 검은 구름 덩어리 때문에 사납고 거친 용의 모습이 더욱 부각되고 있어.

격렬하게 꿈틀거리던 용의 머리와 발이 구름 밖으로 드러났어. 뿔은 두 개, 발톱은 세 개. 얼굴은 험상궂고, 목의 선은 역동적이며, 발톱은 악착스러워. 볼 양쪽으로 뻗은 수염도 구불구불 요동치는 중이야. 비를 뿜는 사나운 용을 제대로 표현했어. 상상해 봐. 무시무시한 용이 그려진 부채로 더위를 식히던 우리의 선조들 모습을 말이야. 정말 시원했겠지!

용은 상상의 동물이기 때문에 처음부터

조선 백성들에게 용은 풍년, 비를 바라는 신앙의 대상이었어. 윤두서처럼 뛰어난 그림도 있었지만 대부분은 이 백자에 그려진 용처럼 우스꽝스럽고 익살스러운 모습으로 나타나.

용이 날고 있는 모습을 빠르게 그린 거야. 대충 그린 그림인데도 역동적인 운동감이 느껴져.

형태가 정해져 있던 것은 아니었어. 오랜 시간이 흐르면서 나름의 모습과 규칙이 적용된 거였지. 윤두서는 용을 그릴 때 이런 점을 염두에 두고 규정에 어긋나지 않도록 노력했대.

그래서일까. 용을 제대로 그린다고 윤두서는 장안의 화제가 되었고, 사람들은 칭찬을 아끼지 않았어. 용과 말을 그린 동물 그림이 신의 경지라는 둥 대적할 만한 화가가 없다는 둥 하면서 칭찬을 했지. 다른 화가들이 그린 용 그림은 정교하지가 않고 우스꽝스럽게 표현되는 경우가 많았거든. 실제 볼 수 없는 상상 속의 동물이니 그럴 만도 했겠지. 그런데 그의 용 그림은 달랐던 거야. 먹구름을 일으켜 비를 뿌리는 용의 사납고 역동적인 모습이 이상하게 사실적으로 보였거든. 알고 보면 용 그림은 상상화라 정해진 답이 없는데도 말이야. 그만큼 윤두서가 실제처럼 느껴지도록 세밀하게 잘 묘사했다는 거겠지.

인간과 격투를 벌이는 용 인간과 싸우는 용 그림 〈격룡〉은 이야기가 담긴 그림이야. 중국 진나라에 허손이라는 선비가 살았어. 허손은 도술을 익힌 특별한 인물이었지. 어느 해인가 그가 지방의 수령으로 부임해서 갔을 때야. 그해는 가뭄이 심해 백성들이 어려움을 겪고 있었는데 그가 도술을 부려 백성들에게 곡식을 나눠 주고 병을 치료해 줬대. 그리고 고을 백성들을 괴롭히던 고약하고 사나운 용을 신선이 선물해 준 칼로 없애는 데 성공했어. 그 이후 백성들의 칭송을 받으며 오랫동안 고을을 훌륭하게 다스렸다는 이야기야.

조욱이란 선비의 이야기도 있어. 조욱은 중국 수나라의 인물로 역시 도술에 뛰어났지만 자신의 능력을 감추고 숨어 지냈다고 해. 그런데 그의 실력을 알아본 수나라 황제가 간곡히 요청해서 촉군* 지역을 다스리는 태수

*촉군
지금의 사천성에 해당하는 지역.

용과 맞서서 싸우는 인물을 그린 그림이야. 용이 있는 물속은 푸른 파도가 소용돌이치며 하얀 물보라를 일으키고 있고, 절벽 위에 서 있는 인물은 용을 향해 칼을 내밀고 있는 장면이야.

로 임명되었대. 황제가 촉군 때문에 오랫동안 골머리를 앓고 있었거든.

촉군 지역에는 차가운 물이 흐르는 커다란 강이 있었는데, 그 강에 독을 가진 용이 살고 있었어. 그런데 이 용이 시시때때로 강물 위로 얼굴을 내밀며 백성들을 괴롭혔다는 거야. 더군다나 용이 한번 움직일 때마다 강이 갈라지고 물기둥이 솟아올라 근처에 사는 사람들이 다치거나 죽곤 했대. 조욱은 병사를 동원해 요란스레 북을 쳐서 용의 시선을 분산시킨 뒤 칼로 단번에 용의 머리를 베어 버렸어. 조욱 덕분에 촉군 지역에 평화가 찾아왔고 그날로 황제의 근심이 사라졌다고 해. 〈격룡〉은 이 두 개의 고사를 섞어 그린 그림으로 추측돼. 그럼 허손과 조욱의 고사가 바탕이 된 그림 〈격룡〉을 살펴볼까?

칼을 든 노인이 있는 절벽과 용이 있는 물가, 화면은 이렇게 두 부분으로 나눠져 있어. 깎아지른 절벽은 위태로운 모습이야. 용이 거처하는 곳에 사람이 함부로 접근하기 어렵다는 점을 표현한 거지. 칼을 든 인물은 위태로운 절벽에서 한쪽 손으로 바위를 짚고 당당히 서 있어. 저런! 그런데 말이지. 용은 인물이 든 칼이 자신을 향하고 있는 것만으로도 어쩔 줄 모르고 흥분했던 모양이야. 한바탕 요동을 쳐서 물속을 헤집어 놓았어. 깊은 강물에 하얀 물보라가 일고 소용돌이가 심하게 치고 중이야. 파도 사이에 보이는 뾰죽뾰죽 솟아 있는 암초들은 위급한 상황을 암시하지. 어! 그런데 칼을 든 인물의 기세에 용이 밀리는 상황인 걸까? 용의 얼굴을 봐. 험악하고 사나운 모습이 아니라 약간 얼이 빠진 듯한 모습이잖아.

뒷배경도 빠짐없이 보자. 바다 멀리 안개에 싸여 있는 두 개의 산봉우리가 보이니? 산 윤곽을 그린 다음 검은색이 섞인 녹색으로 채색한 단순한 산 말이야. 아마 너희 중에도 산을 그릴 때 이렇게 간단하게 그리는 친구들이 많을걸. 그런데 윤두서는 일부러 이렇게 그린 것 같아. 이런 만화 같은 비현실적인 표현으로 용이 사는 환상적인 세계를 표시하려 했던 거겠지.

정물화의 시작 윤두서가 다양한 장르의 그림을 시도한 화가였다고 했잖아. 그중 정물화는 정말 알 수 없는 그림이야. 아니, 놀랍다고 해야 하나? 정물화가 왜 놀라운지 이유를 모르겠다고? 왜 그런지 함께 살펴볼래?

우선 정물화가 뭔지 짚고 넘어가자. 그렇지! 정물화는 서양화의 한 장르야. 꽃이나 과일, 채소, 그릇, 책 등 스스로 움직이지 못하는 물체를 그린 그림을 말해. 세계 최초의 정물 화가는 16세기 이탈리아 화가 카라바조로 알려져 있어. 그는 엄숙하고 성스러운 종교화만 인

카라바조는 이탈리아 바로크 시대의 대표 화가야.
빛과 그림자를 이용해 무섭고 충격적인 그림을 많이 그렸어.
그에 비해 이 정물화는 아주 평범한 주제의 그림이라 할 수 있단다.

정받던 16세기 말 '아름답든 추하든 있는 그대로를 충실히 그리겠다.'라고 선언한 화가야. 그렇게 탄생된 것 중 하나가 정물화야. 그는 이전에는 절대 그리지 않았던 과일이나 채소 그리고 주변의 소품들을 그림 속 주인공으로 선택했어. 당시는 이런 사소한 것들이 그림의 소재가 될 거라고는 눈곱만큼도 생각 못 했던 시절이었어. 당연히 정물화에 대한 반응이 얼음처럼 차가웠지. 그의 정물화 〈과일 바구니〉를 보고 사람들은 고귀함이 없다, 천박하다 등의 비난과 조롱을 쏟아붓기도 했대. 물론 지금은 바로크 시대의 대표 정물화로 인정받는 아름다운 작품이지만 말이야. 정물화는 17세기에 네덜란드에서 크게 유행하면서 본격적으로 발전하게 돼. 루벤스, 브뤼헐, 렘브란트 등의 유명한 화가들이 그 시대의 대표적인 정물 화가야.

채소와 과일을 그릇에 함께 담아서

우리나라의 경우는 어떨까? 우리나라에 서양식 정물화는 20세기에 처음 들어왔어. 물론 조선 시대에도 과일과 채소 등을 소재로 한 작품들은 있었지. 예를 들어 신사임당의 〈초충도〉나 매화, 난초, 국화, 대나무를 그린 사군

장승업이 그린 기명절지도인 〈수선화와 그릇〉은 조선식 정물화라고 할 수 있어. 서양식 정물화와는 다르게 그림의 소재를 위아래로 죽 늘어놓아 재미있게 화면을 구성했어.

자 같은 거 말이야. 그런데 곤충이나 식물 뿌리까지 그리는 그림은 정물화가 아니야. 정물화는 '정지된 것', 즉 죽은 생물이나 사물을 그리는 것이니까. 우리나라에선 조선 말기에 장승업에 의해 동양식 정물화인 '기명절지도'가 많이 그려졌어. 물론 이것도 서양의 정물화와는 여러 면에서 다르지. 기명절지도는 소재를 죽 늘어놓고 그리는 것으로 정물화와는 다른 모양새야.

그런데 장승업보다 200년이나 앞선 화가 윤두서가 진짜 정물화를 그린 거야. 그는 어떻게 서양식 정물화를 그리게 됐을까? 윤두서 이전에는 물론이고, 그 이후에도 한참 동안 과일과 채소를 그릇에 함께 담아 그린 작품은 없었는데 말이지.

윤두서의 〈채소와 과일〉에는 서양식 구도와 명암법이 나타나. 명암이란 빛의 표현이야. 밝고 어두움으로 사물을 명확하게 표현하여 그림을 조화롭게 하는 거지. 서양화에서는 명암이 중요한 위치를 차지해. 빛의 중요성을 인식한 19세기 화가들이 인상주의*를 탄생시킬 정도였어. 반면에 동양에서는 오랫동안 빛에 대한 관심이 없었어. 그런데 윤두서가 〈채소와 과일〉에 빛을 담은 거야. 빛을 표현한 그림이 없었던 조선에서는 특별한 일이었어. 정말 갑자기 등장한 거야. 학자들은 그가 서양화를 보고 명암법을 응용한 것으로 추측하고 있어. 그럼 어디서 서양화 작품을 본 걸까? 그것에 대한 정확한 기록은 없어. 다만 그가 매일 만나며 교유했던 이익*의 집에서 서양화를 접하지 않았나 추측하고 있어. 이익의 집에는 중국에서 가져온 책이 많았는데, 서양 그림이 인쇄된 것도 있었나 봐. 이익이 서양화에 대해 느낀 점을 글로 남긴 것이 있거든.

* 인상주의
19세기 프랑스에서 시작된 회화 장르로, 빛과 색에 대한 화가의 순간적이고 주관적인 느낌, 즉 인상을 표현하는 것.

* 이익
《성호사설》이란 책을 쓴 조선 후기의 실학자. 윤두서는 이익의 형제들과 친하게 지냈는데 큰형은 학자인 이잠, 작은형은 동국진체 서예가로 유명한 이서다.

먼저 한 눈을 감고 다른 눈으로 오랫동안 주시하면 전각과 궁궐의 담장이 실제 형태대로 우뚝하게 보인다. 이는 일찍이 중국에서도 없었던 것이다. 집은 명암을 넣어 표현해서 그림에 오목 들어감과 볼록 튀어나옴이 있다. 크게 보이고 멀리 보이게 하는 것은 무슨 방법으로 하는지 모르겠다.

전각과 궁궐의 담장이 실제 형태처럼 보인다는 것은 사실주의 기법을 의미하고, 집에 오목 들어감과 볼록 튀어나옴이 있다는 것은 명암법을 이야기하지. 그리고 크게 보이고 멀리 보이게 하는 건 원근법에 대한 설명이야. 이런 정황으로 〈채소와 과일〉을 서양화를 보고 실험한 그림으로 보는 거야. 그림 그리는 방법도 색달라. 사생법을 시도했어. 사생은 대상을 직접 보고 그리는 것을 말해. 너희들도 미술 시간에 사과나 꽃, 장난감 등을 보고 그린 적이 있을 거야. 지금은 전혀 특별한 것이 아니지만 옛날에는 사생하는 경우가 거의 없었거든. 풍경화를 그릴 때도 사생보다는 상상력이나 기억력에 의지해 방 안에서 그리는 것이 일반적인 방법이었지.

윤두서는 사생을 할 때 말을 그릴 때처럼 먼저 대상을 세심하게 관찰했다고 해. 소재를 완벽하게 살핀 다음에야 붓을 들어 그렸는데, 그림이 본래 모습과 조금이라도 다르면 찢어 버리기를 수차례나 반복했대. 실물을 직접 보고 그리니까 다른 점이 금방 눈에 띄어서 어쩔 수가 없었거든. 〈채소와 과일〉은 이런 과정을 거쳐 탄생한 그림이었어.

금방 따온 듯 윤기가 흐르는 과일

이제 좀 더 자세히 그림을 볼까? 싱싱한 채소와 과일이 백자 그릇에 소담히 담겨 있어. 큰 수박은 밭에서 금방 따온 듯 윤기가 흐르고, 가지는 꼭지가 오돌토돌해. 참외도 싱싱해 보이는 선명한 골 탓에 유난히 단단해 보여. 오른쪽 구석에 있는 동그란 열매 세 개는 뭘까. 꼭지 모양이 귤? 아니면 감? 아무리 봐도 과일의 정체는 아리송하지만 그림만은 세련미가 넘쳐. 현대적인 느낌으로 요즘 그렸다고 해도 깜박 속을 정도야. 명암과 입체감도 다른 그림과는 매우 달라.

윤두서는 채소와 과일을 그릇에 보기 좋게 담아 놓았어. 그리고 서양 화법을 응용한 새로운 방식으로 그려 보기로 한 거야. 먹물이 종이에 번지는 효과를 이용하여 수박과 가지, 참외를 그려 나갔어. 은은하게 번지는 먹물 탓에 입체감이 살아났어. 새로운 방법이었지만 멋지게 성공한 거야.

〈채소와 과일〉과 이란성 쌍둥이처럼 비슷한 그림이 있어. 유자와 석류 그리고 매화를 그린 그림이야. 그림의 크기나 종이에 그렸다는 점이 똑같아. 두 그림 모두 각각의 소재들은 먼저 선으로 그린 다음, 옅고 짙은 먹으로 명암 처리를 했어. 그뿐만 아니라 그림 아래에 인장도 동일하게 찍어 놓았지. 그런데 가만 보면 말이야. 〈채소와 과일〉은 여름

주변에 흔히 있던 평범한 소재인 채소와 과일을 주인공으로 내세워 그린 정물화야. 윤두서가 이런 그림을 그린 것은 매우 특이한 일이었어.

〈석류와 매화〉는 선명한 표현을 위해 정교한 필치와 정밀한 묘사에 신경을 썼어.

채소와 과일이고, 〈석류와 매화〉는 겨울에 나오는 과일과 꽃으로 구성되었어. 계절별로 소재를 나누어 담아 놓은 거야. 표현법도 약간 달리했어. 〈채소와 과일〉은 여름 농산물답게 물기가 넘치도록 붓에 먹물을 듬뿍 묻혀 그렸어. 반면 〈석류와 매화〉는 겨울 느낌이 나도록 건조하고 선명한 표현에 더욱 신경을 썼지. 올록볼록 굴곡이 있는 그릇을 모양에 따라 진하고 연하게 명암을 넣어 강조한 점도 눈에 띄어.

너희들도 알겠지만 이 그림들의 큰 특징은 꽃, 과일, 채소를 한 그릇에 담아 그렸다는 거야. 이전에는 이런 식의 그림이 없었다고 했잖아. 윤두서의 정물화는 서양 문물에 대해 호기심이 많았던 그가 서양화를 실험한 그림이라고 볼 수 있단다.

미술놀이

민화 컵 받침 만들기

윤두서는 유독 말을 사랑해서 그림에 말을 자주 그리고, 또 잘 그렸다고 해. 말이 그려진 윤두서의 작품들 중 〈버드나무 아래의 하얀 말〉을 볼까? 윤두서는 말을 그릴 때 윤곽선을 그린 뒤 먹의 농도를 이용해 명암을 표시했어. 그리고 색을 통해 말의 근육을 볼륨감 있게 표현했지. 윤두서가 말을 그린 방법을 이해하며 우리도 컵 받침 위에 윤두서의 〈버드나무 아래의 하얀 말〉을 그려 볼 거야. 윤두서처럼 자연스럽고 건강한 말이 그려진 컵 받침을 멋지게 완성해 보자.

준비물
〈버드나무 아래 하얀 말〉 그림 출력물, 나무 컵 받침, 붓펜, 물감, 붓

활동 방법:

1

윤두서의 〈버드나무 아래의 하얀 말〉을 보면서 컵 받침 위에 스케치를 해 줘.

2

스케치가 끝나면 붓펜으로 다시 한 번 따라 그려 줘. 나무에 잉크가 잘 번지기 때문에 너무 오래 붓펜을 대고 있지 말고 붓펜의 끝을 이용해 가볍게 따라 그려 줘.

3
이제 물감으로 꼼꼼하게 색칠을 해 보자.

완성

짜잔! 컵 받침 완성! 컵을 한번 올려 볼까?

미술놀이

정물화 부조 만들기

준비물
채소와 과일, 우드락, 연필, 볼펜, 조각칼, 색점토, 아크릴 물감

윤두서는 원근을 표현하는 서양식 구도와 대상을 직접 보고 그리는 사생법을 통해 채소와 과일들을 세심하게 관찰하여 사실적으로 표현했어. 그리고 서양화의 명암법을 따라 밝고 어두움을 그림에 나타냈어. 또, 빛을 표현할 수 있도록 먹물이 종이에 번지는 효과를 이용해 채색했단다. 자, 그럼 우리도 윤두서처럼 정물을 관찰하고 실제처럼 표현해 볼까? 손에 잡힐 듯 입체적으로 보이도록 점토로 부조를 표현해 보자!

활동 방법:

1
준비된 채소와 과일들의 위치를 옮겨 가며 마음에 드는 구도로 만들어 봐.

2
채소와 과일을 자세히 관찰하면서 우드락 판 위에 연필로 스케치를 해 줘. 너무 힘을 줘서 스케치를 하면 우드락에 홈이 크게 파일 수 있으니 주의하자.

3
볼펜, 조각칼 등과 같이 뾰족한 도구를 사용해 스케치 선을 따라 홈을 낼 거야. 이때 손이 다치지 않도록 조심, 또 조심해야 해!

4
홈이 있는 부분을 색깔 있는 점토로 덮어 줘. 꾹꾹 눌러서 홈 깊숙이 점토가 들어갈 수 있도록 해 주자.

5
3일 정도 서늘한 곳에서 말린 뒤, 천천히 떼어 내 봐. 올록볼록 홈을 낸 부분을 따라서 점토가 튀어나온 게 보이니?

6

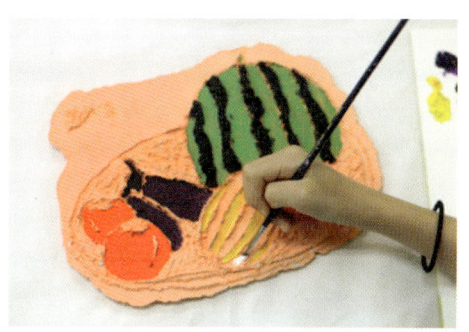

이제 마무리 단계야. 그림이 잘 보이도록 아크릴 물감으로 채색하고 정리해 주자.

완성

완성! 예쁘고 입체적인 정물화가 만들어졌어.

4장

'공경하다'라는 뜻이 담긴 호, 공재

■ 수록 작품

윤두서 〈강가의 풍경(수변공정)〉, 1708년, 비단에 먹, 26.7×15.7cm, 국립중앙박물관 (71쪽, 위쪽) ⓒ 국립중앙박물관
윤두서 〈강가의 풍경〉에 찍힌 인장 (71쪽, 아래쪽)
윤두서 〈늙은 나무가 있는 산수〉, 18세기 초, 종이에 먹, 31.2×24.2cm, 해남 윤씨 종가 (73쪽)
예찬 〈육군자〉, 1345년, 종이에 먹, 61.9×33.3cm, 상하이박물관 (74쪽)
윤두서 〈늙은 나무가 있는 산수〉 부분 (75쪽, 위쪽)
윤두서 〈겨울산수〉, 18세기 초, 비단에 먹, 28×22cm, 해남 윤씨 종가 (75쪽, 아래쪽)
김명국 〈설중귀려〉, 17세기, 비단에 먹, 101.7×54.9cm, 국립중앙박물관 (76쪽) ⓒ 국립중앙박물관
윤두서 〈배 위에서 즐기는 가을〉, 18세기 초, 종이에 색, 24.2×22cm, 해남 윤씨 종가 (77쪽, 왼쪽)
윤두서 〈모래밭에 내려앉는 기러기〉, 18세기 초, 비단에 연한 색, 25.2×22.5cm, 개인 소장 (77쪽, 오른쪽)
윤두서 〈산골의 봄〉, 18세기 초, 비단에 먹, 25×21cm, 해남 윤씨 종가 (79쪽)
윤두서 〈백포별서〉, 18세기 초, 기름종이에 먹, 35.1×74cm, 해남 윤씨 종가 (81쪽)

자는 효언, 호는 공재 친구들 그거 알고 있니? 옛날에는 부모님이 지어 준 이름을 소중히 여겨 본인뿐 아니라 남들도 함부로 부르지 않았대. 임금이나 스승 그리고 부모만이 이름을 부를 수 있었다고 해. 그럼 친구를 부를 때는 뭐라고 했냐고? '자'나 '호'로 불렀대. 자는 남자가 성인이 되었을 때 짓는 이름이고, 호는 '별호'라고도 하는데 가장 편하게 부를 수 있었던 호칭이었어. 친구들이 가지고 있는 별명하고 비슷한 거라고 생각하면 돼. 호는 한 사람이 여러 개를 가진 경우도 많았어.

윤두서의 경우는 자가 효언이고, 호는 공재야. 공(恭) 자는 유교 덕목 중 하나로 '공손하다'는 뜻이 있어. 재(齋) 자도 역시 '공경하다'라는 뜻이 담겨 있단다. 공재는 말과 행동을 공손히 하는 것을 의미하는 호라고 볼 수 있어. 윤두서가 선비로서 얼마나 예와 덕을 중요시했는지 알 수 있는 부분이야.

조선은 이렇게 유교적 예의와 체면이 중요했던 시대였어. 그래서 잡기술로 여겨진 그림은 양반 입장에서는 아무리 재능이 뛰어나도 드러내 놓고 자랑할 일은 아니었지. 도리어 재능 있는 선비들은

물가 풍경을 그린 그림이야. 그림 왼쪽에 두 개의 빨간색 낙관 보이지? 그의 자인 '효언'과 호인 '공재'가 새겨진 인장이야.

〈강가의 풍경〉에 찍힌 인장

그림 잘 그리는 것을 일부러 숨길 정도였어. 당시는 그림 그리는 걸 품위 없는 일이라고 여기는 사람들이 많았거든. 그건 윤두서도 마찬가지였어. 속으로는 그림에 대한 자부심이 컸지만 밖으로는 크게 내색하지 않았어. 그림을 함부로 다른 사람에게 그려 주지 않은 것도 아마 그런 이유가 클 거야. 그림에 대한 당시의 사회적 편견 때문에 대놓고 그림을 그리지 못했던 거지.

양반이었던 후배 화가 조영석도 같은 입장을 보였어. 조영석이 그림으로 워낙 명성이 자자하자 어느 날 조선 21대 왕 영조가 불러들여 어진*을 그리라고 하교*했어. 그런데 그가 사대부의 명분을 내세워 거부한 거야. 양반이 대놓고 그림 그리는 일처럼 하찮은 일을 할 수는 없다는 거였지. 그 바람에 조영석은 하옥되고 벼슬에서 파직당하는 등 큰 고초를 겪었다고 해. 왕의 명령을 거부하다니, 상상이 되니? 이 일은 당시 그림에 대한 사회적 분위기가 어땠는지 엿볼 수 있는 사건이란다.

이렇게 양반 화가들은 쉬쉬하며 조심스럽게 그림을 그렸지만 문인화는 조금 달랐어. 문인화는 말 그대로 문인, 즉 사대부의 그림이기 때문에 그런 비난에서 자유로웠거든.

그런데 문인화는 뭘까? 한마디로 선비들이 취미로 그린 그림이야. 자신들의 마음을 표현한 그림으로 표현이 부드럽고 정적이며 간결한 것이 큰 특징이지. 그런데 문인화가 세밀한 부분이나 강한 부분이 없어서 그런지 심심하고 재미없다고 여기는 사람들도 있더라. 이제부터 문인화를 살펴볼 텐데 너희들 의견도 그런지 생각해 볼래?

*어진
왕의 초상화.

*하교
왕이 명령을 내리는 일.

늙은 나무가 있는 문인화 쓸쓸한 강가에 나무 한 그루가 서 있어. 그 곁에는 키 작은 대나무와 고즈넉한 정자가 보이고, 뒤쪽은 텅 비었어. 비워 버린 배경 탓에 소용돌이처럼 휘어진 큰 고목만이 뚜렷한 존재감을 뽐내는 중이지. 간결한 구성만큼 고요함은 훨씬 심하고 말이야.

〈늙은 나무가 있는 산수〉는 가는 붓으로 담담히 그려서 정갈하고 깔끔한 느낌을 낸 그림이야. 오직 먹물로만 옅고 진한 강약을 주었지. 그리고 마지막에 네모난 붉은 인장을 화면 왼쪽 공간에 찍어 그림의 완성도를 높였어.

그림에 '공재'라는 빨간색 도장이 선명하게 찍혀 있어. 도장은 문인화의 격조를 높이는 중요한 요소야. 윤두서는 직접 도장을 새겨서 사용하기도 했대.

어느 이른 봄날, 홀로 산책에 나섰던 윤두서는 강가의 늙은 나무에 잎이 난 것을 발견했어. 한참 동안 우두커니 서서 나무를 쳐다보았지. 평소 자신을 닮았다고 여겼던 나무에서 사랑스러운 푸른 잎이 난 걸 보자 왠지 눈물이 핑 돌고 콧날이 시큰해졌거든. 특별한 이유는 없었어. 추운 겨울을 이겨 낸 나무의 꿋꿋함이 대견스러워서 그랬나 봐. 푸른 잎 덕분에 우울했던 마음이 한순간에 날아가고 기분이 한층 상쾌해졌어.

'오늘은 저 기특한 나무를 한번 그려 볼까.'

윤두서는 흰 종이의 중앙에 나무를 우뚝하게 그려 넣었어. 그다음 바위, 정자, 언덕을 차례차례 그려 나갔지. 그런 뒤에는 고목과 바위의 질감을 표현하고, 정자와 대나무 그리고 언덕과 강물을 상세히 묘사했어.

*피마준
섬유의 올을 풀어서 늘어놓은 듯한 동양화 기법. 구불거리는 실 같은 모습으로 조금 거친 느낌을 주며, 주로 산이나 강가, 언덕을 묘사할 때 사용.

이렇게 완성된 그림을 봐. 늙은 나무는 살아온 세월을 말하는 듯 뿌리가 앙상히 드러나 있고, 아래 둥치는 벼락을 맞은 듯 패어 있어. 나뭇가지에는 간당간당하지만 푸른 새잎이 희망의 징표처럼 매달려 있네.

그림에 그려진 소재들도 봐. 오랜 세월의 풍상을 겪어 낸 늙은 나무, 적막하고 텅 빈 정자, 쓸쓸한 물가! 푸른 새잎을 빼고는 모두 하나같이 쓸쓸한 느낌이잖아. 윤두서의 외롭고 쓸쓸했던 마음이 담겨 있어서 그런 것 같아.

그런데 이 그림은 중국 원나라 화가인 예찬의 그림과 살짝 비슷한 면이 있어. 윤두서가 평소 존경했던 예찬을 염두에 두고 그리지 않았나 추측되는 부분이야. 예찬의 그림은 윤두서의 그림처럼 강과 빈 정자가 등장하는 것이 특징이지. 그리고 윤두서가 나무와 바위, 언덕 표현에 사용한 피마준*도 예찬과 연관성이 있어. 피마준은 예찬이 즐겨 사용했던 기법이었거든. 피마준은 먹물을 조금 묻힌 채 여러 번 붓질을 반복해서 표현하는 것으로, 그림을 한층 스산하고 쓸쓸하게 만드는 데 효과적인 기법이야. 〈늙은 나무가 있는 산수〉가 쓸쓸하게 보이는 이유도 아마 피

중국 원나라 화가 예찬의 그림으로 문인을 상징하는 여섯 그루 나무를 그린 거야. 조선의 문인 화가들이 그의 그림을 많이 모방해서 그렸어.

마준 탓이 클 거야. 그런데 윤두서 그림이 예찬 그림과 비슷하다고 해서 똑같이 그림을 그렸다고 생각하면 절대 안 돼. 너희도 좋아하는 선생님의 행동이나 말투를 따라 한 적 있지? 그것처럼 존경하는 화가의 표현과 느낌에 영향을 받았다는 거지 똑같다는 뜻은 아니란다.

〈늙은 나무가 있는 산수〉 부분이야.
산과 강의 표현에 실타래 같은 피마준을 사용했어.

조선 선비의 마음을 담은 그림

문인화는 화가의 마음을 표현하는 그림이라고 했잖아. 앞에서 본 나무 그림처럼 윤두서의 쓸쓸한 마음이 담겨 있는 산수화를 한 점 더 볼 거야. 이번에 나오는 그림은 화면 오른쪽에 호와 자를 섞은 '공재언'이라는 서명이 쓰여 있는 그림이야. 단정한 그림만큼 글씨 또한 깔끔하지.

주제는 눈 내린 겨울 풍경이야. 왼쪽으로 치우친 산은 눈에 덮여 군더더기가 없고, 오른쪽에 멀리 보이는 산은 윤곽선 하나로 표현되어 간결해. 강가의 나무들은 뜨거웠던 지난여름의 햇빛을 맘껏 받

그림 전체에 정갈하고 간결하며 쓸쓸한 느낌이 잘 스며 나와.

고 자라 곧고 반듯하네. 곧은 나무 탓에 쓸쓸하고 삭막한 느낌이 더욱 크게 느껴지는 것 같아. 쓸쓸한 풍경에 보태듯 사람은 물론이고 강 위에 배조차 전혀 보이지 않아. 차가운 정적만이 깃들어 있지. 이 그림은 유학자로서 평생 자신에게 엄격했던 윤두서의 성격과 성품이 고스란히 반영된 문인화라고 할 수 있어.

윤두서의 문인 산수화를 몇 점 살펴보았지만, 사실 그의 그림은 당시 유행했던 산수화랑은 조금 다른 그림이었어. 당시는 절파풍 산수화가 크게 유행하던 시기야. 주로 직업 화가들이 많이 그렸던 절파풍 산수화는 날카로운 구도와 짙고 거친 선 그리고 빠른 속도감이 특징이야. 역동적이고 감각적인 느낌이 강해 새로운 걸 추구하는 사람들에게 인기가 있었지. 사대부들이 추구하는 은은한 느낌의 문인화하고는 전혀 다른 그림이었어. 문인화란 조금 심심하고 간결한 그림이라고 했잖아.

윤두서가 평생 가장 많이 그린 장르는 문인화였어. 사대부 화가로서 당연한 것

김명국이 그린 〈설중귀려〉는 절파풍 산수화의 특징을 잘 보여 줘. 문인화하고는 사뭇 다르게 산을 비쭉한 선으로 척척 그려 거친 느낌과 함께 자유로움과 호쾌함이 물씬 느껴져.

둘 다 윤두서 작품이야. 왼쪽 그림은 인물이 작은 배 위에 앉아 강변의 풍경을 바라보는 모습을 그린 산수화로, 대각선 구도와 현대적인 감각이 돋보여. 오른쪽 그림은 강 건너 나지막한 산을 담담한 채색과 부드러운 스케치로 간결하게 표현했어. 갈대밭에 기러기들이 줄지어 내려앉는 가을날의 한적함과 고요함을 나타냈지.

일지도 몰라. 그의 문인화는 예찬이나 이름난 화가들의 그림을 응용한 것부터 현대적인 분위기를 내는 것까지 매우 다양해. 그런데 은은한 느낌 탓에 선명한 맛은 확실히 부족한 편이야. 아마도 사대부 화가니까 직업 화가들이 그린 절파풍 산수화의 강하고 거친 느낌과는 다르게 고고하게 그려서 그런 것 같아. 덕분에 담백하고 간결한 문인화가 많이 남겨지게 되었지.

진경산수화의 선구자 윤두서는 문인화를 많이 그린 화가지만, 진경산수화의 선구자라고도 할 수 있어. 문인 산수화가 마음속으로 생각한 풍경을 그린 것이라면, 진경산수화는 진짜 풍경을 그린 것을 말해. 사실 조선에서는 정신을 중시하는 유교적 사회 분위기 때문에 실제 풍경을 그리는 것보다 자신의 마음과 생각을 담아 그린 문인 산수화가 더 인정받았어. 그렇지만 평소 주변에 관심이 많던 윤두서가 우리의 산과 들을 그리는 진경산수화에 무심할 수는 없었겠지. 진경산수화는 가장 조선적인 그림이라고 평가받는 대단한 그림이야. 윤두서는 진경산수화의 거장으로 알려진 정선보다 무려 10여 년 전에 진경산수화를 시도했어. 그의 진경산수화 중 눈에 띄는 작품은 두 점이야. 산골의 풍경을 그린 〈산골의 봄〉과 바닷가를 그린 〈백포별서〉이지.

여기에서는 그중 산골이 배경인 〈산골의 봄〉을 한번 자세히 살펴보고자 해. 연두색의 들쑥날쑥한 잎들이 상큼한 나무 두 그루가 왼쪽에 크게 펼쳐져 있어. 산골에 봄이 와서 농부는 눈코 뜰 새 없이 바빠졌어. 날이 더워지기 전에 밭을 갈고 감자, 무, 배추, 옥수수, 콩 등을 바지런히 심어야 했거든. 다행히 새벽녘에 비가 내려 땅이 부드러워졌어. 농부는 아침 일찍 소를 몰고 나가 쟁기질을 시작했지. 아직 해가 중천이지만 서두르는 바람에 벌써 밭갈이가 끝나 가는 참이야.

"밭갈이가 끝나면 부지런히 감자 모종을 심어야겠는걸. 그래야 오늘 안에 끝낼 수 있지."

이마에 송글송글 맺힌 땀을 훔쳐 가며 농부는 중얼거렸어.

아, 그런데 저 사람은 뭐지? 열심히 일해도 시간이 모자라는 농사철에

진경산수화지만 풍속화로도 분류되는 그림이야.
실경을 담은 산수화지만, 화면 중앙에 소를 몰고 밭 가는 농부가 있어서
풍속화라고도 하는 거지.

베짱이처럼 편히 놀고 있는 사람 말이야. 친구들도 찾아봐. 오른쪽 아래야. 풀을 뜯고 있는 두 마리의 소 근처에 누워 있는 사람 찾았니? 그래, 한 농부가 소에게 풀을 먹인다는 핑계로 시원한 나무 그늘에 누워 한가하게

낮잠을 즐기고 있네. 윤두서는 낮잠 자는 농부가 왠지 얄미웠어. 그래서 꾀를 냈지. 열심히 쟁기질하는 농부를 더 돋보이게 하고 싶었거든. 잘 봐. 계곡과 언덕, 나무, 산을 이용해 서로 엇갈리게 배치해서 중앙을 타원형의 모양으로 만든 것 보이니? 타원형의 중앙에는 부지런한 농부를 정중앙에 배치하여 연극 무대의 주인공처럼 만들었어. 당연히 베짱이 농부는 눈에 띄지 않는 구석에 배치하고 말이지.

따스한 조선 산골의 풍경 이번에는 〈산골의 봄〉의 표현법을 보자. 커다란 나무 두 그루의 묘사는 세밀한 편이야. 이와 대응하는 오른쪽의 작은 나무는 먹물을 듬뿍 묻혀 윤기 나게 표현했어. 산은 굵은 선으로 윤곽을 그리고 큰 점을 찍어 울룩불룩한 산의 양감을 살렸지. 새벽녘에 비가 왔음을 알려 주는 산봉우리의 짙은 안개는 아스라이 표현했어. 오른쪽 먼 산은 심플하게 옅은 윤곽선으로 조그맣고 귀엽게 그려 넣었어. 윤두서의 특징으로 그의 그림에 자주 보이는 산 표현이야. 그림이 완성된 후에는 호리병 모양의 도장을 깔끔하게 찍어 마무리를 했어. 그의 자가 멋지게 새겨진 도장이야.

처음에 이 그림을 진경산수화라고 했잖아. 뭐, 그런데 이 그림이 진짜 풍경화 같지는 않다고? 오! 예리한걸. 정확히 얘기하자면 언덕과 앞산의 표현에 두루뭉술한 것이 사실적인 묘사의 진경산수화라고 하기에는 아직 조금 모자라. 특히 왼쪽 산 표현은 윤두서의 특징으로 고전적인 문인산수화 기법이었어. 아직은 진경산수화 초기로 문인화 표현이 함께 사용된 것으로 볼 수 있어. 이런 약점에도 불구하고 이 그림을 진경산수화라고 하는 것은 전체적인 구성이나 소재에서 조선적인 모습이 보이기 때문이야. 쉽게 말해 조선에서 쉽게 볼 수 있었던 농촌 풍경이라는 거지.

지금부터 350여 년 전 어느 봄날, 윤두서는 산 중턱을 오르다 우연히 맞은편 밭에서 열심히 일하는 농부와 생동감 넘치는 봄의 풍경을 봤어. 그래서 윤두서는 생생한 감동을 사진을 찍듯 화면에 새겨 놓았지. 조선 어디서나 볼 수 있는 흔한 풍경이었지만, 봄 풍경에 울렁거리는 자신의 마음을 기억하고 싶었거든. 그도 상상하지 못했을 거야. 350년 후 조선의 따스한 산골 풍경을 우리에게 보여 줄 것이라고는 말이지.

해남에 있는 윤두서의 별장을 그린 진경산수화야.
바닷가 인근에 있는 별장과 몇 채의 초가집, 정자 등이 그려져 있어.

미술놀이

스트링아트로 문인 산수화 그리기

윤두서의 〈늙은 나무가 있는 산수〉를 보면, 큰 고목 한 그루가 고독하게 서 있어. 텅 비어 있는 배경 때문에 고요하고 외로운 느낌이 나지만, 이 나무는 아랑곳하지 않고 자신의 존재감을 뚜렷하게 뽐내고 있지. 윤두서를 닮아 외롭지만 굳세 보이는 나무가 더욱 돋보일 수 있도록 못과 실을 이용한 스트링아트로 표현해 보자!

준비물
나무판, 연필, 세필(가는 붓), 먹, 망치, 실

활동 방법:

1

나무판 위에 윤두서의 〈늙은 나무가 있는 산수〉를 연필로 스케치해 줘.

2

세필과 먹을 이용해 연필 선을 따라 그려 주자. 먹의 양을 잘 조절해 가면서 일정한 선으로 따라 그려 봐.

3

먹물과 물의 양을 조절하여 명암도 표현해 주자. 더욱 입체감 있는 그림이 완성될 거야.

4

완성된 그림 속의 나무를 따라 일정한 간격으로 못을 박을 거야. 손 다치지 않게 조심하고, 힘이 들면 어른들에게 도움을 요청하자.

5

어떤 못이든 상관없이 박아 놓은 못 중 하나에 실을 묶어 줘. 그리고 못의 머리에 실을 두 번씩 돌려 감아 가며 옆에 있는 못으로 이동하면서 나무의 전체적인 형태를 잡아 주자.

6

나무의 형태가 잡혔다면 이제 지그재그로 자유롭게 못과 못 사이를 이동해서 나무의 안쪽을 채워 주면 돼. 마치 도형 안을 채색하듯이 말이야. 실을 다 감고 나면 매듭을 지어서 묶어 줘.

완성

못을 박고 실을 감는 힘든 과정을 지나고 나니
정말 멋진 작품이 완성되었어!

미술놀이

진경산수화와 잡지 콜라주하기

윤두서의 진경산수화 중 마음에 드는 작품을 고른 뒤 잡지를 이용해 콜라주를 완성해 볼 거야. 같은 그림이지만 잔잔한 윤두서의 진경산수화와는 다르게 화려하고 현대적인 진경산수화로 변신할 작품이 기대되지 않니?

준비물
잡지, 가위, 풀, 붓펜, 윤두서의 진경산수화 출력물

활동 방법:

1

윤두서의 진경산수화 중 마음에 드는 그림을 골라 종이 위에 스케치하고 붓펜으로 따라 그려 봐.

2

잡지에서 그림 속 풍경에 맞는 모양, 질감, 색을 찾아보고 가위로 오려 줘. 가위를 쓸 때는 손을 다치지 않도록 조심해서 사용해야 해!

3

잘라 놓은 잡지를 그림 위에 붙여 봐. 전체를 잡지로 콜라주해서 표현해도 좋고, 그림과 대조되도록 부분적으로 잡지를 붙여 콜라주해도 좋아.

완성

드디어 잡지 콜라주로 표현한 진경산수화가 완성됐어!

5장

서민들, 그림 속 주인공이 되다

■ 수록 작품

윤덕희 〈공기놀이〉, 비단에 수묵, 21.7×17.5cm, 국립중앙박물관 (89쪽) ⓒ 국립중앙박물관
김홍도 〈씨름〉, 18세기, 종이에 연한 색, 27×22.7cm, 국립중앙박물관 (90쪽, 왼쪽) ⓒ 국립중앙박물관
신윤복 〈단오풍정〉, 종이에 색, 28×35cm, 간송미술관 (90쪽, 오른쪽) ⓒ 간송미술관
윤두서가 소장했던 실학책 《관규집요》와 《양휘산법》, 해남 윤씨 종가 (91쪽) ⓒ 국립광주박물관
윤두서 〈나물 캐기〉, 18세기 초, 비단에 연한 색, 30.2×25cm, 해남 윤씨 종가 (93쪽)
윤용 〈나물 캐는 여인〉, 18세기, 종이에 먹, 27.6×21.2cm, 간송미술관 (95쪽) ⓒ 간송미술관
윤덕희 〈독서하는 여인〉, 18세기, 비단에 색, 20×14.3cm, 서울대학교박물관 (97쪽) ⓒ 서울대학교박물관
윤두서 〈돌 깨는 석공〉, 18세기 초, 모시에 먹, 22.9×17.7cm, 개인 소장 (99쪽, 왼쪽)
강희언 〈돌 깨는 석공〉, 18세기 중엽, 비단에 먹, 22.8×15.5cm, 국립중앙박물관 (99쪽, 오른쪽) ⓒ 국립중앙박물관
귀스타브 쿠르베 〈돌을 깨는 사람들〉, 1849년, 캔버스에 유채, 165×257cm, 드레스덴 국립미술관 (100쪽)
윤두서 〈짚신 삼기〉, 18세기 초, 모시에 먹, 32.4×20.2cm, 해남 윤씨 종가 (101쪽, 왼쪽)
김득신 〈짚신 삼기〉, 종이에 연한 색, 22.4×27cm, 간송미술관 (101쪽, 오른쪽) ⓒ 간송미술관
이경윤 〈선비가 달을 바라보다(고사관월)〉, 비단에 먹, 31.1×24.8cm, 고려대박물관 (102쪽) ⓒ 고려대학교박물관

조선 최초의 풍속 화가라고? 이번 장에서 우리가 만날 그림들은 풍속화라는 장르야. 풍속화는 사람들이 생활하는 일상을 그린 그림이지. 주로 서민들이 주인공인데 조선 후기에 크게 유행했어. 아마 너희들도 풍속화 하면 딱 떠오르는 화가들이 있을걸. 아, 김홍도와 신윤복, 김득신이 생각난다고? 그래. 그들은 조선 시대 3대 풍속 화가로 꼽히는 인물들이지. 그런데 풍속화를 처음 그린 화가가 우리의 주인공 윤두서라는 사실은 아마 몰랐을걸. 윤두서는 산수화, 인물화, 정물화, 말 그림, 용 그림 등 두루두루 잘 그린 화가였지만, 풍속화는 그의 화가 인생에서 가장 빛나는 업적이라고 할 수 있어. 이제까지 전혀 관심받지 못했던 백성들이 일하는 모습, 놀고 있는 모습 등을 그린 최초의 화가로 후대 풍속 화가인 김홍도, 신윤복에게 직접적인 영향을 주었거든.

본래 그림은 양반들의 문화였어. 그림에 등장하는 모델들도 주로 양반들이었지. 선비가 거문고를 튕기거나 책을 읽는 모습, 물 좋고 산 좋은 데서 유유자적하게 쉬는 모습, 혹은 선비들에 얽힌 재미난 에피소드 등이 그림의 주요 소재였어. 양반은 물론이고 직업 화가인 중인들조차 땀 흘려 일하는 서민들의 모습 따위에는 털끝만큼도 관심 없었어. 그런데 윤두서가

윤두서의 아들 윤덕희가 그린 풍속화야. 옛날 어린이들이 공기놀이를 하는 모습이야. 그림의 구도나 뒤쪽의 안개 처리는 윤두서의 작품에도 자주 나오는 표현이야. 아버지 윤두서의 그림을 보고 배웠으니까 비슷한 느낌은 당연할 테지.

김홍도가 그린 풍속화야. 이 그림에 보이는 것처럼 박진감 넘치는 구성, 인간적이고 따뜻한 시선이 엿보이고 해학과 정감이 묻어나는 게 김홍도의 특징이야.

신윤복은 김홍도와 같은 시대에 활동한 화가야. 그의 풍속화는 이 그림에 보이는 것처럼 대부분 여성들이 주인공으로 등장해. 빨강, 노랑, 파랑 등 산뜻하고 또렷한 원색을 즐겨 사용한 것이 특징이야.

서민들을 그림의 주인공으로 끌어들인 거야. 그의 그림은 온통 양반 차지였던 우리 미술에 큰 변화를 가져오게 돼.

백성들을 바라보는 따뜻한 마음과 시선 윤두서가 풍속화를 그리게 된 이유는 뭘까? 그건 아마도 그가 처했던 정치적 상황 때문일 거야. 당쟁이 심했던 혼란기를 겪으며 윤두서는 세상과 떨어져 은둔자로 살

았다고 했잖아. 세상에서 한 발짝 떨어져 있으니까 잘나가는 양반들은 보지 못했던 서민들의 삶을 보고 느낄 수 있었어. 서민들의 삶이 그의 그림 속에 녹아든 거야.

   윤두서가 풍속화를 그린 것은 조선 후기에 일어난 실학의 영향 때문이기도 해. 윤두서가 남인 집안이라고 한 것 기억나니? 남인들은 실학에 관심을 갖고 있었어. 조선은 원칙과 도리를 중시하는 성리학을 기본 개념으로 통치했던 나라야. 그런데 성리학은 이상적인 학문이라, 현실적으로 실생활과 맞지 않는 부분이 많았어. 실생활과 관련 있는 실용적인 학문이 남인을 중심으로 연구되었고, 그게 바로 실학이야. 풍속화는 실생활을 그린 사실적인 그림이라고 했잖아. 실학의 영향으로 풍속화를 그리게 된 것이라 보는 거지. 서민들의 생활과 노동의 소중함을 담아낸 풍속화는 이렇게 세상에 태어났어.

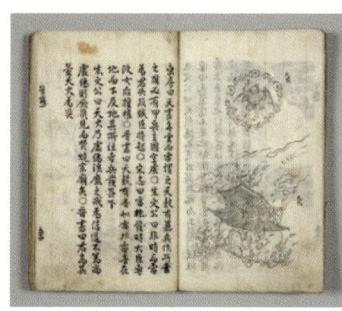
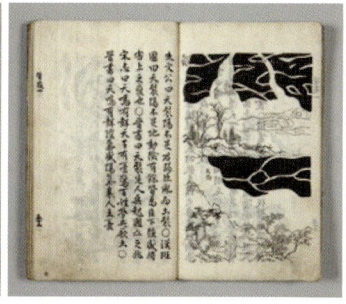

《관규집요》는 윤두서가 소장했던 백과사전으로 천문, 역사, 지리, 인사, 재해, 점 등 다양한 내용이 그림과 함께 설명되어 있어.

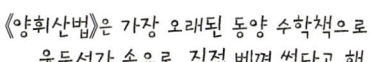

《양휘산법》은 가장 오래된 동양 수학책으로 윤두서가 손으로 직접 베껴 썼다고 해.

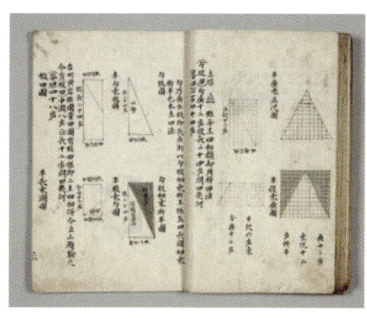
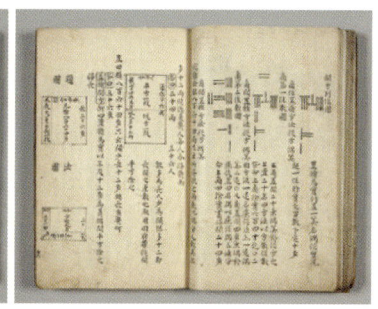

무엇보다도 윤두서가 따뜻한 마음과 시선으로 백성들을 바라보지 않았다면 아마 풍속화는 세상에 나오기 어려웠을 거야. 평소 그는 서민들에게 깊은 관심과 애정을 가지고 있었어. 관심과 애정이 있으니까 그들이 웃고, 울고, 즐기는 모습이 자연스럽게 눈에 들어왔고 그런 모습을 소재로 그림을 그릴 수 있었던 거지. 만약에 그가 관직에 올라 승승장구했다면 이런 그림을 그리기는 어려웠겠지.

윤두서의 풍속화에서는 아주 특별한 점이 발견되기도 해. 여성이 주인공인 그림이 있다는 거야. 그때까지 인물이 있는 그림이라면 남자가 주인공으로 등장하는 경우가 태반이었어. 그런데 윤두서는 여성을 주인공으로 내세운 거야. 명문가의 선비가 풍속화를 그린 것도 놀라운데 여성을 소재로 그림을 그렸다니! 정말 충격적이고 파격적인 일이었지.

아주머니, 뒤 좀 돌아보실래요? 온 세상이 꽁꽁 얼어 있던 들판에 겨울이 가고 새 생명들이 기지개를 켜고 있어. 드디어 아지랑이가 피어오르는 봄이 온 거야. 마을 언덕배기에는 달래, 냉이, 씀바귀, 쑥 같은 봄나물이 하루가 다르게 쑥쑥 고개를 내밀었지. 조선에서 봄나물은 백성들의 소중한 식량이었어. 만물이 소생하고 아름다운 꽃이 피는 봄이지만 백성들에게 봄철은 보릿고개라고 해서 굶기를 밥 먹듯 하던 힘든 시기였어. 농사지은 곡식은 겨울을 지내는 동안 야금야금 동이 났고, 늦은 봄에 나는 보리는 수확되기 전이라 변변한 먹거리가 없을 때였지.

어느 봄날, 마을의 양지바른 언덕으로 아주머니들이 나물을 캐러 나

갔어. 봄나물이라도 캐서 사흘째 제대로 먹지 못한 아이들에게 나물밥이라도 한 끼 배부르게 차려 주고 싶었거든. 치마는 걸리적거리지 않게 치켜올려 질끈 동여매고, 손에는 꼬챙이와 바구니를 들고 자신만만하게 집을 나섰지. 목적지는 종일 햇빛이 쏟아지는 통에 산나물이 많이 난다고 소문난 뒷산의 비탈진 언덕배기야. 서둘러 도착한 아주머니들은 보물찾기를 하듯 두리번두리번 작은 나물이라도 놓칠세라 신경을 곤두세웠지. 그런데 이마저 쉽지가 않은가 봐. 발 빠른 사람들이 이미 다녀갔는지 나물이 별로 보이지 않는 거야.

'저런, 큰일이네……'

가파른 언덕과 뒤로 보이는 험준한 산

〈나물 캐기〉는 여성이 그림의 주인공으로 등장한 조선 최초의 풍속화야. 윤두서는 두 여성을 서로 엇갈리게 그려 그림에 재미를 주었어.

이 아주머니들의 한숨 섞인 걱정을 대변하듯 위태로워 보여. 아, 그런데 말이야. 너희들 저 멀리 자유롭게 날고 있는 새 한 마리 혹시 보이니? 새는 희망을 상징해. 윤두서는 힘든 시기의 어려운 상황에 백성들이 절망에 빠질까 봐 희망을 상징하는 새 한 마리를 그림에 새기는 걸 잊지 않았어. 맞아, 새는 아주머니들의 희망을 표현한 거야. 백성에 대한 애틋한 정이 뚝뚝 묻어나는 그림이라고 할 수 있어.

윤두서는 이처럼 백성들을 따뜻한 시선으로 바라보고 보살필 줄 알았어. 명문가의 사대부로 태어났지만 헐벗은 백성의 삶에 관심을 갖고 노블레스 오블리주*를 실천했던 선비였기에 가능했을 거야.

그가 주변을 챙긴 따뜻한 에피소드는 심심찮게 전해 와. 한번은 자신의 땅에 농사를 짓는 소작인들이 큰 가뭄 때문에 상납해야 할 곡식을 마련하지 못해 쩔쩔맨 적이 있었어. 자신들이 먹을 얼마 안 되는 곡식까지 탈탈 털어 주인에게 몽땅 상납했기 때문에 소작인 가족들은 먹을 것이 없어 삶이 비참해질 대로 비참해졌지. 우연히 이 소식을 들은 윤두서는 수백 장의 빚 문서를 불태우라고 하인에게 지시했어. 마을 소작인들의 빚을 탕감해 준 거야. 말이 쉽지 재산 손실이 어마어마했기 때문에 집안 사람들이 모두 나서서 말렸다고 해. 하지만 그는 아랑곳하지 않았고 거기에 보태 자신의 곳간을 열어 곡식을 나누어 주며 마을 사람들의 끼니를 보살폈대.

또 한 번은 어느 해인가 해남에 태풍이 심해 마을 주민들의 세간살이와 곡식이 모두 떠내려가고 논과 밭은 빨간 황톳물로 잠긴 적이 있었어. 엎친 데 덮친 격으로 인근 바닷가에 해일까지 일어 그 피해가 더욱더 심했지. 그는 자신이 소유한 산의 나무를 베어 소금을 구워 팔 수 있도록 생계 방법을 마련해 주며 마을 사람들을 도왔어. 덕분에 마을 사람들은 극심한 피해에도 굶어 죽거나 떠돌아다니는 사람 없이 살길을 찾게 되었다고 해. 이처럼 그는 백성들이 어려울 때 적극적으로 나서 도왔던 마음 따뜻한 선비였어.

이런 따뜻한 마음을 지녔기에 나물 캐는 아주머니들을 편견 없이 그렸던 걸까? 여성이 그림의 주인공으로 등장하는 건 매우 파격적인 일이

*노블레스 오블리주
높은 신분이나 많은 재산을 가진 사람이 그렇지 못한 다른 사람들을 도와야 한다는 생각.

라고 했잖아. 조선은 남녀유별이 엄격히 지켜지던 사회였기 때문에 앞에서 말했듯이 사대부 남성이 서민 여성을 그리는 경우는 거의 없었어. 그런 면에서 〈나물 캐기〉를 그린 건 아주 놀라운 사건이지. 윤두서 이후 풍속화를 이어 간 조영석, 강희언, 강세황 등의 경우에도 거의 다 남성을 중심으로 그림을 그렸으니까 〈나물 캐기〉는 대단한 의미가 있어. 여성이 그림의 주인공으로 흔하게 그려지는 것은 100년쯤 뒤 신윤복에 와서야 이루어지거든. 아, 윤두서의 영향을 받은 그의 아들과 손자가 여성을 주인공으로 그림을 그린 것이 있었는데 깜박 잊을 뻔했네!

손자 윤용의 나물 캐는 여인

윤용은 윤두서의 손자로 할아버지가 그린 〈나물 캐기〉와 비슷한 그림을 남겼어. 윤두서의 그림과 분명 같은 주제지만 느낌은 달라. 먼저 윤용의 그림에서는 주인공이 한 명이야. 그림의 구성도 단순해.

그런데 그림에 풍기는 이 강렬한 느낌은 뭐지? 할아버지의 그림보다 더했으면 더했지 모자라지 않잖아. 대체 이유가 뭘까?

주인공은 역시 봄나물을 캐는 여

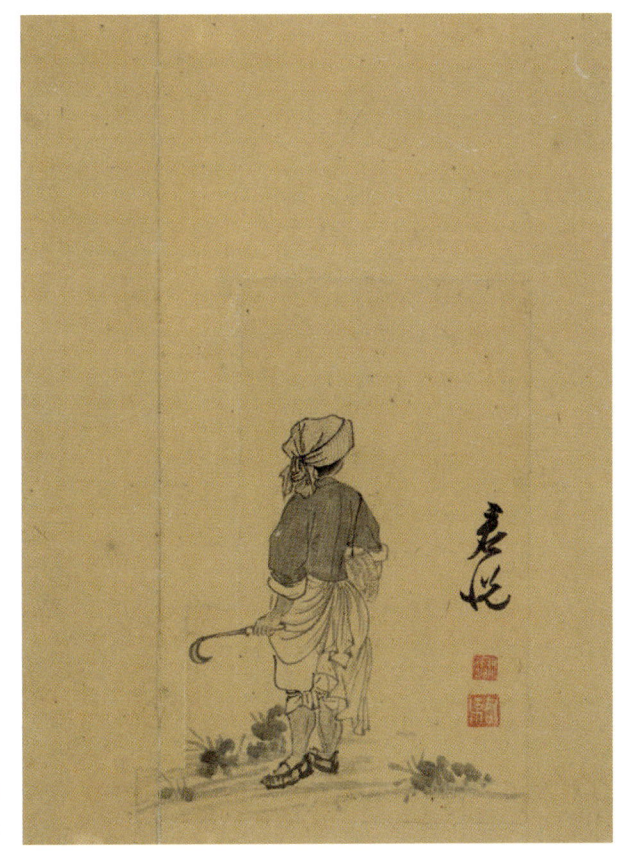

배경을 완전히 생략하고 뒷모습만 보여 주는 여인의 모습에서 윤두서와는 다른 윤용만의 독특한 분위기를 느낄 수 있어.

인이야. 보통은 인물화를 그릴 때 표정이 드러나는 앞모습을 그리는데, 윤용은 할아버지의 영향인지 뒷모습을 그렸어. 그리고 전체적인 배경은 생략됐어. 발 주변에 돋아 있는 약간의 풀들이 전부야. 더할 나위 없이 깔끔한 구성이지. 단순한 배경은 오로지 여성의 모습에만 집중할 수 있도록 도움을 주고 있어. 바구니를 옆구리에 끼고 호미를 잡은 억센 손, 풀 먹인 머릿수건을 야무지게 묶은 매듭, 무심하게 걷어 올린 저고리 소매, 허리춤에 푹 찔러 넣은 치맛자락, 무릎까지 걷어 올린 속바지, 튼튼한 종아리 등 여인의 모습이 너무 선명하게 잘 보이잖아. 텅 빈 벌판에 홀로 서 있는 여성. 배경이 단순해서 그런지 왠지 더 씩씩하고 당당해 보이는 것 같지 않니? 씩씩하고 당당한 이 여인의 바구니에는 파릇파릇하고 싱싱한 봄나물이 가득 채워져 있을 것 같고 말이야. 작은 크기의 단순한 그림이지만 윤용이 할아버지 윤두서를 이은 풍속 화가라는 점을 분명히 보여 주는 명작이야.

햇볕 따사로운 날의 독서 삼매경 햇볕이 따사로운 날, 단정한 차림새의 여인이 평상에 앉아 책을 읽고 있어. 손가락으로 한 자 한 자 짚어 가며 집중하는 중이야. 독서에 완전히 빠져든 듯 표정이 진지하네. 부드럽고 기품 있는 자세는 흐트러짐이 없이 반듯해. 오로지 책에 집중한 이런 모습을 독서 삼매경이라고 하지. 책을 읽는 여인 뒤로는 꽃과 새가 그려진 병풍이 서 있어. 벽처럼 세우는 병풍은 사실 중국에서 유행하던 스타일이었어. 조선 병풍은 여러 폭으로 접었다 폈다 하는 형식이 대

나뭇가지에 앉아 있는 새와 구름이 그려진 병풍, 시원한 파초 잎 등이 차분하고 서정적인 분위기를 내고 있어.

부분이거든. 그래서 이 〈독서하는 여인〉이라는 그림이 중국 그림을 참고해서 그려진 거라고 추정하는 학자도 있어. 아, 물론 그림 속 주인공은 조선 여성이야. 여인의 복장, 머리 모양, 얼굴 생김이 조선 아낙네의 모습과 똑 닮아 있잖아.

아무튼 조선 시대에 남자가 독서하는 그림은 숱하게 많았지만, 여자가 독서하는 그림은 이 그림이 유일할 거야. 조선에서는 여성의 사회적 지위가 낮아서 공부를 제대로 한 사람이 드물었대. 당연히 여성들 중에는 글을 읽을 줄 모르는 사람이 많았어. 더군다나 살림과 아이 기르는 일 등 집안일을 도맡아 해야 해서 항상 시간이 부족했거든. 이래저래 여성에게 독서하기란 쉽지 않았던 시대였어. 그런 면에서 〈독서하는 여인〉은 특이한 그림인 셈이지. 책 읽는 여인을 그린 이 그림은 윤두서의 아들 윤덕희가 그린 풍속화야. 윤덕희도 새로운 것에 관심을 쏟던 아버지의 영향으로 시대에 앞선 그림을 그린 것 같아.

인간적이고 정감 있게

윤두서는 스승 없이 스스로 그림을 익혔다고 해. 때론 중국 화보를 참고하기도 하고, 때론 선배 화가들의 그림을 베껴 그리며 실력을 쌓았지. 그런데 항상 명심했던 것은 틀에 얽매이지 않는 것과 자신만의 생각을 잊지 않는 거였어. 자, 그럼 윤두서 자신만의 생각이 들어간 풍속화 〈돌 깨는 석공〉을 한번 살펴볼까?

바위를 깨고 있는 두 사람의 모습이 화면에 보여. 바위에 일정한 간격으로 구멍을 내고 거기에 정*을 박아 바위를 깨트리는 게 두 사람의 일이었어. 때마침 쇠망치를 든 남자가 정을 막 내려치는 순간이야. 힘을 주어 망치를 휘두르느라 남자의 얼굴이 험악하게 찡그려졌어. 얼마나 더운지 윗도리를 일찌감치 벗어 던졌어. 무거운 쇠망치를 들고 안간힘을 쓰느라 근육이 울퉁불퉁해. 그에 반해 왼쪽에 있는 할아버지는 정을 잡고 있는 역할이라 비교적 수월해 보여. 그런데 표정이 왜 그럴까? 안절부절 어쩔 줄 몰라 하는 눈치잖아. 정을 손으로 꼭 잡고 있어야 하는데, 내려치기만 하면 뭐든 산산조각이 날 것 같은 무시무시한 쇠망치 때문에 정말 겁

*정
돌을 쪼아 다듬거나 돌에 구멍을 낼 때 쓰는 연장.

사람들의 건강한 땀방울이 생생하게 표현됐어.

조선 후기 화원 화가 강희언이 윤두서의 그림을 모사한 거야. 구도와 형식, 인물의 옷 주름, 나뭇잎, 풀잎 등이 똑같아. 그림에 '담졸'이라는 강희언의 호가 새겨진 인장이 찍혀 있어.

이 났나 봐. 망치를 피하려 몸은 뒤로 제껴졌고, 불안한 마음에 눈은 저절로 가늘게 떠졌어.

    석공들의 사실적인 표정이 퍽 재미있는 그림이야. 어때, 앞에서 본 〈나물 캐기〉에 비해 인물의 표정이 굉장히 자연스러워진 거 같지 않니? 윤두서는 백성들의 모습을 똑같이 그리겠다는 자신의 생각을 발전시켜 〈돌 깨는 석공〉을 완성했어. 결과는 물론 성공이야. 석공들의 역할에 따라 표

서양 근대 사실주의 회화의 문을 연 작품이야.

정과 몸동작을 실감 나게 그린 것은 물론이고, 돌 깨기의 가장 극적인 장면을 포착해 팽팽한 긴장감을 주는 것도 놓치지 않았거든.

서양화 중에도 비슷한 주제의 그림이 있어. 프랑스 화가 쿠르베의 〈돌을 깨는 사람들〉이야. 쿠르베도 윤두서와 마찬가지로 사실적인 그림을 그리려 노력했던 화가였어. 사실적인 그림에 대한 의지가 얼마나 강한지 그에 대한 에피소드도 있을 정도야. 어떤 사람이 쿠르베에게 천사 그림을 부탁했어. 그런데 그는 "그러면 나에게 천사를 보여 달라!"면서 자신은 본 적 없는 천사는 그리지 않겠다고 거절한 유명한 일화가 있지.

쿠르베의 〈돌을 깨는 사람들〉에는 무거운 돌을 옮기는 사람과 돌을 깨는 사람이 등장해. 노동의 힘겨움을 강조한 그림이야. 노동자의 그늘진 얼굴과 힘줄이 도드라진 손 등 사실적인 느낌이 강하지. 윤두서와 쿠르베의 그림은 돌을 깨는 석공의 모습을 사실적으로 그려 낸 풍속화였어. 같은 소재, 같은 주제의 그림인 셈이야. 공통 주제인 돌을 깬다는 것은 파괴의 뜻이 있어. 기존의 틀과 전통을 깨고자 하는 화가의 생각을 담은 것으로 보여. 이처럼 윤두서나 쿠르베는 나라와 시대는 다르지만 새로운 시도를 실천했던 앞서가는 화가들이었어.

그럼 두 그림의 다른 점은 뭘까? 사람들의 표정이야. 쿠르베의 그림은 석공들의 표정을 도통 알 수가 없는데, 윤두서의 그림은 석공들의 표정이 개구쟁이를 보는 것처럼 재미있잖아. 친구들 생각도 그렇지?

녹음이 무성한 나무 아래 풀 더미 위에 다리를 쭉 뻗고 앉은 농부가 짚신을 삼고 있어. 농부의 모습을 보니 꽤 신경 써서 묘사해 놓은 것이 분명해 보여. 양쪽 엄지발가락에 끈을 끼워 잡아당기는 모습이나 잡아당기느라 힘을 주고 있는 표정을 봐. 정말 사실적이지 않아? 다리의 털까지도 놓치지 않고 세심하게 묘사했어. 몸에 비해 얼굴은 크게 손과 발은 조금 작게 그렸어. 넓은 이마, 큰 코에 비해 터무니없이 작게 그린 눈과 입이 구체적이라 오히려 실제 인물을 보는 듯이 생생해.

나무에 드리워진 넝쿨은 초여름의 더위와 시원함을 함께 느끼게 하는 요소라 볼 수 있어. 녹음이 무성한 나무 아래 인물을 배치하고 비탈진 산길로 그림에 리듬을 주었지. 그 너머는 여백이야. 나무 기둥은 어둡고 진한 먹을 사용해 명암을 표현하고, 나뭇잎은 진한 먹을 듬뿍 묻힌 붓으

어떤 화려함이나 과장, 거짓과 눈속임 없이 서민들의 노동과 일상을 편안하게 보여 주는 윤두서의 풍속화야.

조선 후기 풍속 화가 김득신의 작품이야. 짚신을 삼는 농부 삼대를 그린 것으로 윤두서의 〈짚신 삼기〉에 비해 구성이 다채로워졌어.

로 빠르게 그려 넣었어. 바위는 쓱 테두리를 표시한 후 먹물로 무심하게 툭툭 칠해 완성했어. 허전한 느낌이 들까 봐 화면 아래엔 조그만 바위와 키 작은 풀들을 살짝 들어 앉혔지. 이런 구도는 윤두서보다 앞선 화가들도 즐겨 사용하던 방식이기도 했어.

조선 중기 화가 이경윤의 〈고사관월〉과 비교해 보면 쉽게 알 수 있지. 이경윤의 그림은 가야금을 타며 달을 바라보는 선비를 그린 거야. 윤두서의 그림과 비교해 볼래? 비탈진 언덕과 나뭇잎 무성한 나무 사이에 인물을 배치한 것, 인물 너머를 여백으로 처리한 부분, 화면 아래 공간을 조그만 바위로 막은 구도. 어때, 친구들도 비슷한 점을 쉽게 찾을 수 있겠지?

이경윤의 그림으로 윤두서의 〈짚신삼기〉와 구도가 비슷해. 중심 인물이 선비인 점과 자연의 아름다움이 그림의 더 큰 주제인 점에서 풍속화로 분류하기에는 무리가 있어.

두 작품의 차이점은 등장인물이야. 〈고사관월〉의 주인공은 선비, 〈짚신 삼기〉의 주인공은 농부라는 점이 큰 차이지. 비슷한 구도지만 〈고사관월〉은 선비가 달을 바라보는 유유자적한 모습을 그린 반면 〈짚신 삼기〉는 농부의 실생활을 표현하고 있어. 선비에서 농부로 주인공이 바뀐 거야. 윤두서는 양반들이 주인공이었던 그림에 서민들을 주인공으로 내세워 변화를 시도한 거였어. 그의 시도로 반짝반짝 빛을 내기 시작한 풍속화는 조영석, 김홍도, 신윤복, 김득신 등이 이어받아 조선 후기 풍속화의 유행을 일으키게 돼.

미술놀이
풍속화가 그려진 상자 만들기

가야금을 타면서 달을 바라보는 선비를 그린 이경윤의 〈고사관월〉과 서민들의 노동과 일상을 그린 윤두서의 〈짚신삼기〉 작품을 함께 비교하면서 볼까?

두 작품 모두 인물 배치, 화면의 여백, 구도가 비슷하지만 주인공이 다르지? 이경윤의 〈고사관월〉처럼 옛날에는 양반들이 그림의 주인공이었어. 하지만 평소 서민들에게 깊은 관심과 애정을 가지고 있었던 윤두서는 서민을 주인공으로 그림을 그렸고 그중 한 작품이 윤두서의 〈짚신 삼기〉 그림이야. 선비 대신 서민을 주인공으로 내세워 변화를 시도한 윤두서처럼, 이경윤의 〈고사관월〉 작품 속 선비를 서민으로 바꿔 새로운 그림을 그려 보는 건 어떨까?

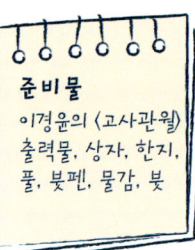

준비물
이경윤의 〈고사관월〉 출력물, 상자, 한지, 풀, 붓펜, 물감, 붓

활동 방법:

1

활동에 필요한 재료를 준비해. 상자는 음식점에서 주는 이쑤시개 상자나 포장 상자 등 아무거나 상관 없어.

2
상자의 안과 밖을 깔끔하게 하기 위해 상자의 크기대로 한지를 오린 뒤 붙여 줘. 단, 오려 놓은 한지 중 상자의 안쪽에는 아직 한지를 붙이지 말고 그대로 두자. 그 위에 그림을 그리고 붙일 거거든!

3
상자의 겉면에는 출력한 이경윤의 〈고사관월〉 그림을 붙여 줘.

4
아까 남겨 둔 상자 바닥에 붙일 한지에는 윤두서의 〈짚신 삼기〉 속 주인공과 이경윤의 〈고사관월〉 속 배경을 섞어서 스케치해 줘.

5

스케치가 끝나면 붓펜으로 한 번 더 따라 그려 줘.

6

작은 붓을 이용해 채색도 해 주자. 채색이 끝나면 그림이 마를 때까지 기다려.

7

그림이 모두 마르면 상자의 바닥 면에 붙여 줘.

완성

상자를 열고 닫으면서 그림의 변화를 살펴보자.
상자를 닫으면 이경윤의 〈고사관월〉이, 상자를 열면
윤두서 풍의 그림이 보이지?

6장

호기심 많은 조선의 레오나르도 다빈치

■ **수록 작품**

윤두서 〈목기 깎기〉, 18세기 초, 모시에 먹, 32.4×20.2cm, 해남 윤씨 종가 (112쪽)
레오나르도 다빈치 〈비트루비우스 인간(인체비례도)〉, 1485년, 종이에 잉크, 34.29×24.45cm, 아카데미아 미술관 (113쪽)
윤두서 〈주례병거지도〉, 18세기 초, 종이에 색, 24.4×36.2cm, 해남 윤씨 종가 (114쪽) ⓒ 국립광주박물관
윤두서 〈주례병거지도〉 부분 (115쪽)
윤두서 〈동국여지지도〉, 18세기 초, 종이에 색, 112×72.5cm, 해남 윤씨 종가 (116쪽) ⓒ 국립광주박물관
윤두서 〈동국여지지도〉 부분 (117쪽)
윤두서 〈일본여도〉, 18세기 초, 종이에 색, 69.4×161cm, 해남 윤씨 종가 (118쪽) ⓒ 국립광주박물관
《방성도》, 해남 윤씨 종가에서 소장하고 있는 천문책 (120쪽) ⓒ 국립광주박물관
이서 〈초서〉, 종이에 먹, 해남 윤씨 종가 (121쪽) ⓒ 국립광주박물관
윤두서 〈자화상〉 부분, 18세기 초, 종이에 연한 색, 38.5×20.5cm, 해남 윤씨 종가 (124쪽)
윤두서 〈새〉, 17세기 말~18세기 초, 종이에 먹, 17.8×14cm, 해남 윤씨 종가 (125쪽)

청나라에서 들어온 따끈한 신상품 윤두서를 두고 조선의 '레오나르도 다빈치'라고 부르는 사람들이 있더라. 알고 있는 친구들도 있겠지만 레오나르도 다빈치는 르네상스 시대의 위대한 미술가이자 과학자이며, 기술자이고 사상가였어. 우리 주인공 윤두서도 레오나르도처럼 다방면에 뛰어난 인물이라 그렇게 부르는 건가 봐. 윤두서는 화가인 동시에 법전, 경서*, 병서* 등을 두루 섭렵한 지식인이며, 지리, 기술, 천문, 과학, 더 나아가 천연두 치료법과 예방법을 고안했을 정도로 의학까지 두루 통달한 실학자이고, 점술 도구 등을 직접 만들었던 과학자였거든.

과학적 호기심이 풍부했던 그는 선진국의 새로운 기계 원리나 구조에 대해 적극적인 관심을 보였어. 넘치는 호기심에 그림으로 그려 놓은 것도 있고 말이야. 〈목기 깎기〉는 과학적 호기심에 그린 대표작이라 할 수 있어. 목기란 나무로 만든 그릇이야. 그러니까 목기 깎기는 목기를 깎는 데 사용했던 기계를 말하는 거야.

'목기 깎기가 뭐가 어째서?' 이렇게 생각하는 친구들도 있겠지만, 윤두서가 살던 시절에는 목기를 깎는 기계는 선진국의 최신 기구에 속했어. 청나라에서 갓 들어온 따끈따끈한 신상품이었지. 물론 그렇다 쳐도 글공부가 직업인 사대부들이 관심을 가질 만한 기구는 아니었을 거야. 윤두서니까 관심을 가진 거지. 〈목기 깎기〉는 지금 보면 별거 아니지만 당시에는 기계 원리에 어지간한 관심이 없으면 그리기 힘든, 이를테면 공학적인 그림이라고 할 수 있어.

그 시대의 목기 깎기는 어떤 모습인지 윤두서의 그림으로 알아볼까? 다음에 나오는 그림을 보자. 아, 장인 두 사람이 2인 1조가 되어 목기를

*경서
유교의 사상, 원리, 이치 등을 써 놓은 책으로 일반적으로는 '사서삼경'을 가리킨다. 《논어》, 《맹자》, 《중용》, 《대학》이 사서, 《시경》, 《서경》, 《역경(주역)》이 삼경이다.

*병서
전쟁 수행의 방법에 대해 쓴 책.

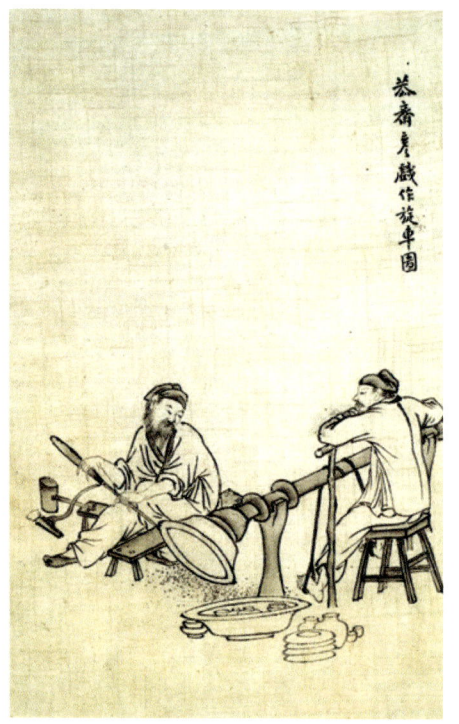

목기 깎기는 완전 자동 기계가 아닌 수동식 기계이지만, 손으로 하던 일을 기계로 할 수 있게 해 준 선진 문물이었어.

깎는 중이구나. 목기는 전라도의 특산물이었어. 윤두서의 고향이 전라도 해남이라고 했잖아. 그는 주변에서 목기 깎는 장인들을 흔히 볼 수 있었지. 목기는 물푸레나무, 피나무, 단풍나무, 감나무 등으로 만드는데 제기*, 촛대, 찬합*, 쟁반 등의 다양한 용도로 제작되었다고 해. 장인들이 그림 속에서 깎고 있는 목기는 다용도 그릇인 함지박이야.

최첨단이라고 했지만 기구의 원리는 단순해. 목기 재료인 나무 덩어리를 기구 끝에 끼우고, 발을 굴러 기구를 빠르게 돌리는 거야. 그런 다음

*제기
제사에 쓰는 그릇.

*찬합
여러 층으로 포갤 수 있게 만든 그릇.

날카로운 칼을 나무 덩어리에 갖다 대면 회전력에 나무 덩어리가 저절로 깎이게 되지. 그림을 볼래? 그림 속 한 사람은 발을 구르며 물레를 돌리고 있고, 한 사람은 긴 칼을 양손으로 잡은 채 함지박의 표면을 깎아 다듬고 있잖아. 목기 깎는 기구의 원리, 이제 정확히 알겠니?

목기 깎는 장인들은 오늘도 싱글벙글 웃음꽃이 피었어. 전에는 일일이 손으로 깎아 완성하던 것을, 기구를 사용하니 일이 훨씬 수월해졌거든. 신통방통한 목기 깎는 기구는 금세 소문이 나서 주문이 산처럼 밀려들었지. 밤낮을 잊고 일을 하는 바람에 허리도 아프고 다리도 저려 왔지만 밀려드는 주문에 금방 부자라도 되는 것처럼 신바람이 난 거야.

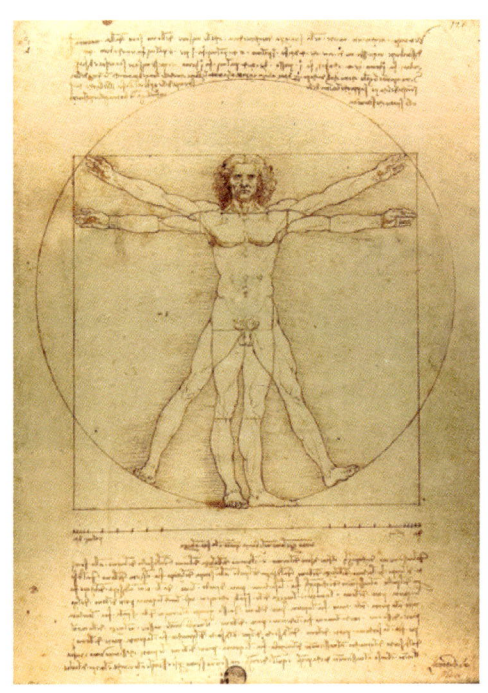

미술가이자 과학자적 면모를 보여 주는 레오나르도 다빈치의 유명한 스케치야. 인체 황금 비율을 표현하고 있어.

〈목기 깎기〉는 기구의 구조와 기구를 다루는 방법을 알려 주는 그림이야. 서민들이 일하는 모습을 생동감 있고 솔직하게 재현한 그림으로, 그림 장르는 풍속화란다. 그런데 앞장에서 보았던 풍속화들과 비교하면 세련된 표현이 돋보이는 작품이라고 할 수 있어. 배경을 완전히 생략한 점이 특히 그래. 깔끔한 화면 덕분에 그림 내용이 보다 효과적이고 분명히 전달되고 있거든. 일정한 선으로 사람과 기구를 묘사하여 목기 깎기가 어떤 것인지 보여 주는 데만 포인트를 두었지. 기계 구조와 사용 방법을 한 번에 알려 주는 일종의 안내서랄까.

군사 병기에 대한 호기심 이번에는 군사 병기에 대한 호기심이 엿보이는 작품을 보려고 해. 전투 마차를 그린 〈주례병거지도〉야. 옛날에는 네 마리의 말이 끄는 큰 바퀴 마차가 요즘의 탱크처럼 중요한 군사 병기로 취급되었대. 군사 병기를 그린 그림을 자세히 살펴볼까?

　장군으로 보이는 인물이 당당하고 용맹한 모습으로 마차에 서 있어. 수염과 구레나룻, 위로 치켜진 눈매 등이 강인한 분위기를 풍겨. 양손에 말들을 엮은 고삐를 쥐고 있는데 긴장을 했는지 서 있는 모양새가 왠지 딱딱해 보여. 그에 비해 말들은 아주 유연한 모습이야. 당시 윤두서가 말 그림의 일인자라고 했잖아. 그래서 그런지 네 마리의 말들이 자연스러운 모습으로 표현된 것 같아.

조선에서 북벌론이 일자 조선식 전투 마차를 어떻게 만들어야 할지 고심하며 그린 그림이라고 해.

말은 섬세한 선과 채색으로 완성했어. 눈은 테두리를 그린 후에 점으로 눈동자를 찍었는데 강한 느낌이 인상적이야. 몸의 각종 마구들도 어느 것 하나 소홀히 하거나 빠트리지 않고 자세히 묘사해 놓았어. 안장을 장식한 술이 흔들리는 모양이나 조그마한 말방울의 세부 표현도 빈틈이 없어. 또한 말의 동작은 살아 움직이는 듯 생동감이 넘쳐. 다리의 미세한 털조차 움직임에 따라 다르게 묘사하는 등 세밀히 신경 쓴 흔적이 엿보이네.

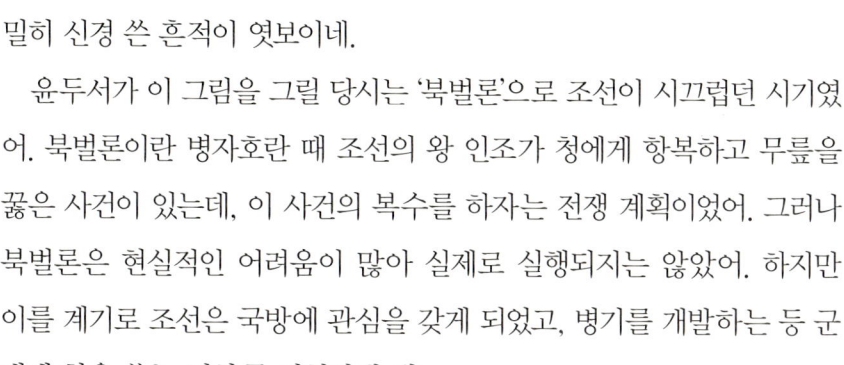

윤두서 〈주례병거지도〉 부분

윤두서가 이 그림을 그릴 당시는 '북벌론'으로 조선이 시끄럽던 시기였어. 북벌론이란 병자호란 때 조선의 왕 인조가 청에게 항복하고 무릎을 꿇은 사건이 있는데, 이 사건의 복수를 하자는 전쟁 계획이었어. 그러나 북벌론은 현실적인 어려움이 많아 실제로 실행되지는 않았어. 하지만 이를 계기로 조선은 국방에 관심을 갖게 되었고, 병기를 개발하는 등 군대에 힘을 쏟는 변화를 경험하게 돼.

윤두서도 이런 조선의 상황 때문에 군사 병기에 관심을 갖고 〈주례병거지도〉를 그린 거였어. 호기심 천국이던 그가 전차를 그린 것이 전혀 새로울 것도 없어 보인다고? 이제 친구들도 인정하는구나. 윤두서의 끝없는 호기심을 말이야.

중요한 비밀 무기인 지도

윤두서는 정말 호기심이 많은 천재가 분명했나 봐. 하다하다 지도까지 그렸으니 말이지. 왼쪽에 보이는 게 그가 만든 우리나라 지도야. 지도는 국방에 있어서 중요한 비밀 무기였어. 전쟁은 전쟁터의 지리를 정확히 파악하고 있어야만 이길 수 있거든.

아주 옛날에는 지도를 군사 비밀로 여겨 함부로 발행하지 않았고 왕과 측근들만 볼 수 있었대. 당연히 백성들은 지도를 갖거나 제작하지 못했어. 그러던 것이 조선 중기부터 조금씩 일반인들도 지도를 볼 기회가 생겼고 소장할 수 있게 돼. 그가 그린 〈동국여지지도〉는 전차 그림과 마찬가지로 국방에 대한 관심으로 제작한 거였어. 소문에 의하면 그는 조선, 중국, 일본 그리고 세계 지도까지 그렸다고 해. 정말 대단하지 않아? 천성적으로 호기심이 많은 데다가 천재였기에 가능했겠지. 그가 제작한 지도는 현재 조선을 그린 〈동국여지지도〉와 일본을 그린 〈일본여도〉가 남아 있어.

〈동국여지지도〉는 김정호의 유명

〈동국여지지도〉는 우리나라 강줄기와 산맥을 정확하고 섬세하게 표현한 지도야. 특히 남쪽 섬들은 섬과 육지 사이의 뱃길까지 표시했어. 바다를 연푸른색으로 칠하거나 백두산을 크게 강조하고 천지를 그림 그리듯 묘사한 것은 윤두서가 화가였기 때문에 가능한 표현이었어.

한 〈대동여지도〉보다 약 150년이나 앞선 지도로 주목받고 있어. 그렇지만 아쉽게도 윤두서가 창작한 지도는 아니래. 무슨 얘기냐고? 1464년에 양성지와 정척이 만든 〈동국지도〉를 참고해서 만든 것이거든. 그렇다 치더라도 이 지도는 나름의 귀한 가치가 인정되어 현재 보물 제481-3호로 지정되어 있어.

윤두서는 〈동국지도〉를 바탕으로 문제점을 수정하거나 새로운 정보를 추가하여 지도를 제작했어. 북벌론을 계기로 조선을 되돌아보며 국토의 참모습을 되새기고 바뀐 땅 이름을 입력한 거야. 다양한 정보를 보충해서 새롭게 지도를 만든 거지. 특히 1712년에 조선과 청나라가 백두산 일대의 국경을 표시하기 위해 세운 비석인 백두산정계비를 지도에 표시한 것은 역사학자들에게 큰 도움을 주고 있어. 그리고 이 표시 때문에 지도가 1712년부터 1715년 사이에 제작된 것으로 추측하기도 해.

〈동국여지지도〉는 산줄기와 강줄기를 상세히 그린 것은 물론이고, 남쪽 연안의 섬 이름도 빠짐없이 적어 놓았어. 다른 지도에는 없는 새로운 요소들도 발견돼. 산맥을 꼬불꼬불하게 그린 것이 그래. 도로와 해로를 각각 붉은 선과 노란 선으로 구분하고, 도로는 규모에 따라 굵기를 달리하여 표시한 점도 특이한 부분이야.

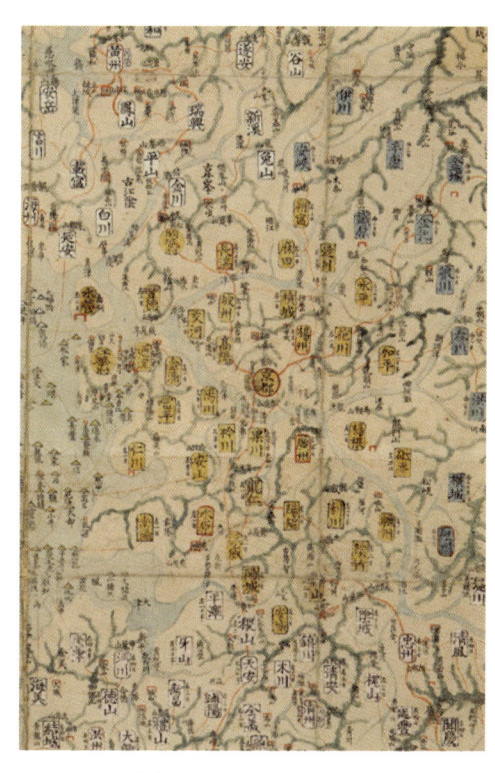

지금의 서울인 한양을 중심으로 용인, 양주, 포천 등 서울 인근의 지방이 표시되어 있어.

무엇보다 섬들이 다른 지도에 표기된 것보다 훨씬 많은 점은 정말 특별한 요소라 할 수 있어. 섬과 바다가 강조된 것은 아무래도 고향인 해남 지역이 바닷가라서 그런 것 같아. 자신이 살고 있는 지역을 더욱 신경 써서 상세히 제작한 것으로 생각돼. 남쪽 섬들에 비해, 북쪽 지방은 간략하게 기록한 것을 보면 확실히 그런 것 같아.

아직 풀지 못한 수수께끼 〈일본여도〉는 현재의 일본과 비슷할 정도로 정확한 지도야. 〈일본여도〉에는 재미있는 이야기가 얽혀 있어. 글쎄, 숙종 임금이 비밀리에 윤두서를 불러 일본 지도를 제작하라는 명령을 했대. 윤두서가 지도를 잘 그린다는 소문을 들었던 게지. 왕의 명령을 받은 윤두서는 즉시 고향으로 내려가 일본에 마흔여덟 명의 스파이를 보내 정보를 모았다고 해. 스파이가 보내온 정보를 가지고 그는 명확하고

이 일본 지도는 모르는 사람이 더 많을 정도로 알려지지 않은 보물 지도야.
윤두서가 새롭게 만든 지도는 아니지만 도로와 해로를 붉은색으로,
지역의 경계는 노란색으로 표시한 것이 돋보이는 명작이야.

정확한 일본 지도를 그릴 수 있었다는 이야기야. 스파이가 등장하는 흥미진진한 얘기지만 사실 소문이 진실일 가능성은 매우 희박해. 역시 이 지도도 윤두서의 순수한 창작품은 아닌 걸로 추정되거든. 당시 일본에서 건너온 지도를 참고한 것으로 여겨지고 있어. 뭐 어쨌든 간에 이 지도가 대단한 것만은 분명해. 참고한 지도보다 훨씬 상세하고 자세하게 제작된 것이 발견되었거든. 예를 들어, 윤두서의 일본 지도는 원본과는 다르게 일본 여덟 개의 지역을 각각 다른 색상으로 구분하고, 도로와 해로는 눈에 보이듯 상세하게 그려 넣었어. 규슈에서 쓰시마를 거쳐 부산으로 이어지는 바닷길도 잊지 않고 표기해 놓았지. 일본의 땅 모양과 거리가 실제와 크게 다르지 않은 점은 지금 봐도 놀라워. 그는 원본의 부족한 점을 보완, 수정해서 지도를 제작한 거였어. 그런데 말이야. 윤두서가 스파이를 보내 정보를 얻지 않았다면 어디서 보완, 수정할 자료를 얻었던 걸까? 안타깝게도 이건 아직 풀지 못한 수수께끼라고 해.

한양에서 땅끝 마을 해남으로 윤두서가 극심한 당쟁으로 과거에 합격하고도 출사하지 못했던 불운했던 지식인인 거 친구들도 알고 있지? 그는 학문과 그림은 물론이고 과학, 천문, 지리, 의학을 섭렵한 실학자이기도 했잖아. 그런데 이런 다방면의 천재적 재능에 비해 제대로 인정받지 못한 경향이 있어. 그림만 해도 그래. 아마 너희 중에도 조선 시대 화가라면 김홍도나 신윤복, 장승업을 먼저 떠올렸던 친구들이 많을 거야.

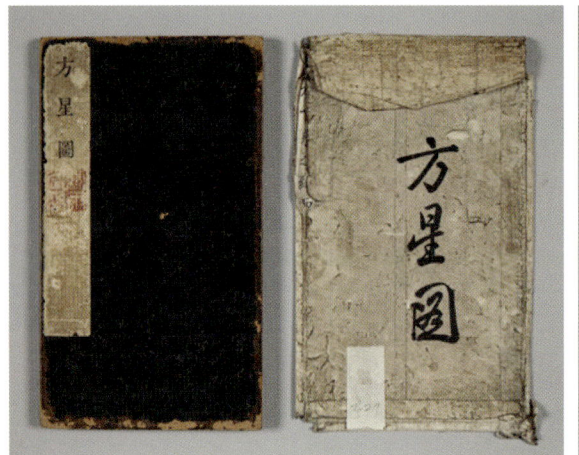
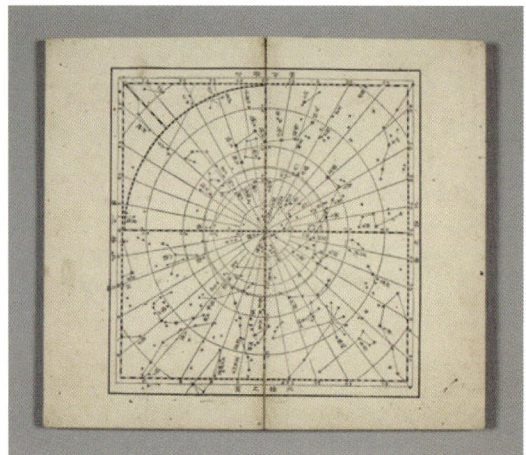

윤두서의 가문에 전해지는 천문 책 《방성도》야.
그가 천문, 지리에 풍부한 지식을 가지고 있었다는 것을 《방성도》로 알 수 있지.

　비록 세상에서는 충분히 인정받지 못한 건 조금 아쉽지만 스스로는 만족할 만한 인생이기도 했어. 부유하게 태어나 평생 먹고사는 걱정을 하지 않았고, 다양한 재능과 호기심이 있어 시간을 헛되게 쓰지 않았잖아. 그리고 자식 복도 있었고 말이야. 그는 집안을 일으킨다는 증조부 윤선도의 점괘대로 슬하에 9남 3녀를 두어 자손이 귀한 집안을 북적거리게 만들었어. 특히 맏아들인 윤덕희와 손자인 윤용은 서화에 뛰어나서 해남 윤씨 3대 서화가로 가문의 이름을 드높였지. 이들이 얼마나 유명한지 가짜 그림들이 대량으로 유통되어, 한때 장안에서 진짜보다 가짜 그림이 더 많을 정도였대.
　윤두서는 해남에서 태어났지만, 유년 시절에 한양으로 이사한 후 생애의 대부분을 한양에서 보냈어. 교유를 즐겨하지 않는 성격 때문에 한양

이서가 창안한 동국진체로 쓴 초서야.
흐르는 물처럼 아름다운 동국진체는 여러 사람에게 영향을 주어
조선 후기 유행하는 붓글씨가 됐어.

에서 30여 년을 보내는 동안 친구는 많지 않았지. 대신 마음을 주면 깊이 사귀었는데, 2장에서 보았던 〈심득경초상〉의 주인공 심득경을 비롯해 이잠, 이서, 이익 형제들과 특히 친하게 지냈다고 해. 심득경과 이잠이 먼저 세상을 떠난 후에는 이서와 거의 매일 만나서 학문을 토론하고 집안의 소소한 일까지 상의하며 가깝게 지냈어. 이서는 '동국진체*'를 만든 유명한 서예가였어. 윤두서도 빠지지 않는 붓글씨 실력을 가지고 있어서 둘은 만나기만 하면 그림과 글씨를 나누면서 두터운 우정을 쌓았다고 해.

그런데 윤두서는 그의 나이 45세인 1712년, 양어머니가 돌아가시자 돌연 한양 생활을 청산하고 해남으로 귀향을 결정해. 그리고 이듬해 낙향하지. 물론 쉽지 않은 결정이었어. 이사는 생각보다 복잡했거든. 서울

*동국진체
조선식 서예법으로 중국의 영향을 벗어나고자 만든 우리만의 독특한 글씨체.

에서 해남까지는 지금도 먼 거리인데, 조선 시대엔 어땠겠니? 무척 고된 여정이었겠지. 또 13세에 상경하여 한양에서 30여 년을 살았으니, 챙겨야 할 식구들이나 이삿짐이 만만치가 않았어. 많은 식구와 세간살이를 일일이 이고 지고 가는 바람에 내려가는 도중 종가의 중요한 문서를 잃어버리는 사건도 생겼지. 귀향길의 힘겹고 혼란스러운 상황이 눈에 보이는 듯 선했지만, 한양에서의 정치적 혼란과 복잡함을 버리고 고향에서 유유자적하게 말년을 보내고자 했던 그의 마음은 굳건했어.

  해남으로 귀향한 윤두서는 다시 시작하는 마음으로 정신을 가다듬은 뒤 집안 살림에 신경 쓰고 가족들을 살뜰하게 챙겼어. 그리고 마을의 어른으로 가난에 허덕이는 마을 백성들을 돕기 위해 힘을 썼고, 집안의 노비들에게는 좋은 환경에서 일을 하게끔 편안한 환경을 만들어 주려 동분서주했지.

  그러나 개인적으로 그의 해남 생활은 어려움투성이였어. 습하고 더운 바닷가의 기후는 한양의 환경과 너무 달랐고, 심지어 시력이 급격히 나빠지는 바람에 책을 읽거나 그림을 그리는 일도 쉽지 않았지. 그래서였을까? 한양에 있는 친구들이 사무치게 그리웠나 봐. 때마침 단짝 친구 이서가 써서 보내온 시를 읽고 윤두서는 그리움에 눈물을 왈칵 쏟았지. 어떤 내용을 담고 있는지 함께 읽어 볼까?

    나는 마음 통하는 사람 있으니
    지금 바닷가에 있다네
    내 마음이 보지 못하는 것

그대 아니면 누가 알리
40년간 서로 어울려
잠시도 떨어지지 않았네
어떤 이유로 서로 끌렸던가
천 리나 멀리서 서로 그리워하네
세월은 흐르는 물 같고
하늘은 유유히 변하는구나
길은 멀고 몸 또한 병들어
얼굴 보기 쉽지 않으니
바라건대 날개라도 나서
한번에 그곳으로 날아갔으면

- 이서 〈공재에게 드림〉

쉽지 않은 귀향 생활에서 친구를 그리워했던 윤두서가 친구 역시 자신을 그리워한다고 말하는 이 시를 보면서 큰 위로를 받지 않았을까?

우연히 감기에 걸린 어느 날 해남으로 내려오고 얼마 안 있어 큰형 윤창서가 세상을 등졌어. 윤두서는 슬픔에 마음이 몹시 괴로웠을 거야. 양어머니를 여읜 상처가 아물기도 전에 의지하던 형까지 잃게 되었으니 말이지. 강건한 성품이었지만 하늘이 무너지는 슬픔을 견뎌 내기란

해남으로 낙향한 즈음 그린 자화상이야.
계속되는 슬픔 때문에 얼굴에 깊은 우수가
드리워져 있어.

매우 어려운 일이었어. 그래서 이 시기에 제작된 〈자화상〉에 깊은 우수가 드리워져 있었던 것일까? 젊었을 때부터 이런저런 일들로 어려움과 갈등이 많았던 그는 서른 살에 이미 흰 머리카락이 성성했다고 해. 그런데 양어머니와 큰형마저 세상을 떠나고 나서는 머리카락이 백발로 보일 정도로 하얗게 세어 버렸대.

아무튼 큰형의 죽음이 그에게 상상 이상의 큰 충격을 준 것은 분명해 보여. 이듬해 음력 11월 윤두서가 갑자기 숨을 거두게 되거든. 초겨울에 우연히 걸린 감기가 원인이었대. 그간의 계속된 충격으로 면역력이 급격히 약해져 있었던지, 그는 자리에 눕고 일주일 만에 눈을 감았어. 한 지역을 움직였던 부자이자 명문가의 종손이 갑자기 세상을 떠났으니, 가족뿐만 아니라 마을 전체가 충격에 빠졌어. 사람들은 시대를 앞선 지식인이 허무하게 삶의 마침표를 찍게 된 것에 애석해하며 슬퍼했지. 그의 나이 마흔여덟이었어. 한참 피어오르던 예술 세계가 어이없게도 감기 때문에 끝이 난 거야.

일찍 세상을 등졌지만 윤두서가 조선 후기를 연 위대한 화가라는 점은 분명한 사실이야. 출세하지 못한 삶 때문에 인생의 많은 시간을 그림에 집중할 수 있었어. 그건 어찌 보면 행운이었어. 덕분에 그는 조선 팔도에서 화가로 이름을 떨쳤고, 다방면에 능력 있는 천재라는 수식어를 얻게 되었지. 무엇보다 거침없는 호기심으로 항상 새로운 것에 도전한 점은 어떤 칭찬을 받아도 부족해. 거침없는 호기심! 바로 이것이 윤두서 예술이 현재까지 반짝반짝 빛나는 이유일 거야.

새처럼 자유롭게 살고 싶었던 윤두서의 생각이 담긴 그림이야. 하늘을 향해 고개를 든 새의 모습에서 고민이 많았을 그의 삶이 느껴져.

미술놀이

사용 안내서 그리기

준비물
연필, 지우개, 다양한 색깔 펜, 사용 안내서를 제작할 물건

물건을 샀을 때 사용 안내서를 받아 본 적이 있지? 물건을 사용하는 방법을 상세하고 꼼꼼하게 알려 주는 사용 안내서처럼 윤두서가 그린 〈목기 깎기〉도 기구의 구조와 기구를 다루는 방법을 알려 주는 안내서 역할을 했던 그림이라고 해. 자, 그럼 우리도 친구들에게 사용법을 알려 주고 싶은 물건을 골라 사용 안내서를 만들어 보자. 만약 친구가 이 안내서만 보고도 제대로 물건을 사용하게 된다면 정말 뿌듯할 거야!

활동 방법:

1

활동에 필요한 재료를 준비해 줘. 우리는 연필깎이 사용법을 그려 볼 거야.

2

설명하고자 하는 물건을 관찰하여 스케치해 보자. 사람의 동작과 물건의 모양을 상세하게 그리면 더욱 쉽게 사용법을 알 수 있겠지?

3

스케치가 끝나면 펜으로 따라 그려 보자. 물건과 그 물건을 사용하는 사람이 돋보일 수 있도록 다양한 색깔의 펜으로 그려 봐.

완성

펜화로 표현한 사용 안내서가 완성되었어.
사람들이 너의 그림만 보고도 물건의 사용법을 알 수 있을지 무척 궁금해!

부록

1. 윤두서의 발자취
2. 3원 3재, 조선의 천재 화가들
3. 미술관에 놀러 가요

윤두서의 발자취

1668년   해남 윤씨 가문의 19대 종손으로 태어남.

1671년   윤두서에게 학문과 예술 등 가르침을 주었던 증조부 윤선도가 세상을 떠남.

1682년   열다섯 살이 되던 해 실학자 이수광의 외손녀였던 전주 이씨와 혼인함.

1685년   큰아들 윤덕희가 태어남.

1689년   부인 전주 이씨가 2남 1녀를 슬하에 남겨 두고 먼저 세상을 떠남.

1690년   부인을 잃은 슬픔을 딛고 도사(都事) 이형징의 딸이었던 완산 이씨와 재혼함.

1693년   숙종 19년 스물여섯 살이 되던 해 진사시에 합격하였으나, 조정의 당쟁이 치열해져 정계 진출이 막힘.

1694년   양아버지였던 윤이석이 사망함.

1697년   셋째 형인 윤종서가 당쟁에 연루되어 이듬해 젊은 나이인 서른네 살에 세상을 떠남.

1704년   해남 종가에서 소장 중인 〈세마도〉, 〈유림서조도〉, 〈석양수조도〉를 제작하였고, 이즈음 〈동국여지지도〉를 그린 것으로 추정됨.

1706년   가까운 친구인 이잠이 상소를 올렸다가 무고로 매를 맞아 사망함.

1708년   이하곤에게 〈수하노승도〉를 그려 주고, 권환백, 이태로, 남휘 등과 함께 서화를 즐기고 감상함.

1708년   손자 윤용이 태어남.

1710년   가장 친한 친구였던 심득경이 사망하자 〈심득경초상〉을 그림.

1711년   자녀를 위해 〈우여산수도〉를 그려 주고, 통신사가 가져온 일본 지도를 구해서 〈일본여도〉를 그림.

1712년   양어머니인 숙인 심씨가 사망함. 어머니의 장례식에 너무 많은 재산을 사용해 서울에서 더 살 수 없게 되었음.

1713년   마흔여섯 살 되던 해 해남으로 낙향함.

1713년   미술 이론서 《화평》을 집필함.

1714년   함께 해남으로 낙향하자고 약속했던 큰형 윤창서가 한양에서 갑작스레 사망함. 해남 종가가 소장하고 있는 〈수하휴식도〉, 〈노승의송하관도〉를 그림.

1715년   해남 윤씨 종가를 위해 적극적으로 일하다가 음력 11월 26일 해남에서 마흔여덟 살의 나이로 타계함.

3원 3재, 조선의 천재 화가들

조선 시대에는 많은 선비 화가들과 직업 화가들이 활동했어. 그중에서 천재로 부를 만큼 뛰어난 여섯 화가들을 '3원 3재'로 칭해. 왜 3원 3재냐고? 호에 '원'이 들어간 사람이 세 명, '재'가 들어간 사람이 세 명이기 때문이지.

단원, 혜원, 오원

그림 3원은 누굴까? 3원은 너무 유명한 화가들이라 아마 모르는 친구들이 없을걸. 바로 단원 김홍도, 혜원 신윤복, 오원 장승업이야. 이들은 모두 직업 화가들이었어. 세 명 모두 소설이나 영화, 드라마로 소개된 적이 있을 정도로 유명하지. 게다가 3원은 우리나라 사람들이 제일 좋아하는 화가 순위 상위권을 차지하는 쟁쟁한 화가들이기도 해. 전해 오는 이야기에 따르면 장승업은 '단원과 혜원처럼 나도 원이다.'라는 의미로 나 오(吾) 자를 써서 스스로 오원이라 칭했다고 하니 흥미롭지?

김홍도 〈소림명월〉, 1796년, 종이에 먹, 26.7×31.6cm, 삼성미술관 리움 ⓒ삼성미술관 리움

달 밝은 가을밤의 쓸쓸한 모습을 너무나 아름답게 그린 김홍도의 그림이야. 앙상한 나무에 걸린 달의 은은한 정취를 잘 살려 냈어.

신윤복 〈미인도〉, 비단에 연한 색. 114×45.2cm, 간송미술관 ⓒ간송미술관

장승업 〈두 마리의 독수리〉, 19세기, 종이에 연한 색, 135.4×55.4cm, 삼성미술관 리움 ⓒ삼성미술관 리움

신윤복이 그린 유명한 〈미인도〉야. 옷 주름과 노리개를 두 손으로 매만지며 생각에 잠긴 듯한 아름다운 조선 여인의 모습을 그린 거야.

두 마리의 독수리를 그린 장승업은 조선 말기 최고의 화가였어. 구속을 싫어했던 자유로운 성격으로 호쾌한 필치와 생동감 있는 묘사가 그림에서도 드러나는 것 같아.

공재, 겸재, 현재, 관아재

3재 중에 첫 번째로 소개할 화가는 바로 윤두서야. 그의 호가 공재라고 했던 거 기억하지? 윤두서 말고 '재' 자가 들어간 천재 화가 두 명은 누구일까? 바로 금강산 그림으로 유명했던 겸재 정선과 사대부였으나 가문이 몰락하여 벼슬길에 나가지 못한 현재 심사정이란다. 모두 양반 출신의 화가들로, 사람들은 그들을 묶어 '3재'라고 불렀어. 이들 말고 '재' 자가 들어간 뛰어난 천재가 한 명 더 있는데, 임금의 요청도 거절했던 사대부 화가 관아재 조영석이야. 그의 실력도 3재 화가들 못지않기 때문에 어떤 학자들은 조영석까지 '4재'라고 부른단다. 어때? 조선 시대의 천재 화가 '3원 3재'를, 아니 '3원 4재'를 조선을 대표하는 화가들로 여겨도 괜찮겠지?

심사정 〈하마신선〉, 비단에 연한 색, 22.9×15.7cm, 간송미술관 ⓒ간송미술관

가문의 몰락으로 그림을 팔아 생활했던 선비 화가 심사정의 그림이야. 부귀와 영화를 가져다준다는 세 발 달린 두꺼비와 신선인 유해섬을 그린 신선도야.

윤두서 〈약초 씻기〉, 비단에 먹, 지름 21cm, 개인 소장

윤두서의 그림이야. 나무 아래에서 세상의 근심을 잊고 한가롭게 약초를 씻고 있는 인물을 그렸어.

정선 〈금강전도〉, 1734년, 종이에 연한 색, 130.6×94.1cm, 삼성미술관 리움 ⓒ삼성미술관 리움

정선은 진경산수화의 대가야. 이 그림은 직접 금강산을 보고 그린 명작으로, 금강산에 솟아오른 봉우리들이 호쾌하고 명쾌해.

조영석 〈고기잡이 배〉, 18세기, 종이에 먹, 78.5×47cm, 국립중앙박물관 ⓒ국립중앙박물관

조영석이 그린 그림야. 유유자적하게 배를 타고 낚시를 즐기는 인물의 모습이 인상적이야.

미술관에 놀러 가요

강릉시립미술관	gnmu.gn.go.kr	033) 640-4271
경기도미술관	gmoma.or.kr	031) 481-7000
경남도립미술관	gam.go.kr	055) 254-4600
경인미술관	kyunginart.co.kr	02) 733-4448
광주시립미술관	artmuse.gwangju.go.kr	062) 613-7100
국립중앙박물관	museum.go.kr	02) 2077-9000
국립현대미술관	mmca.go.kr	02) 2188-6000 (과천관)
		02) 2022-0600 (덕수궁관)
		02) 3701-9500 (서울관)
		043) 261-1400 (청주관)
대구미술관	daeguartmuseum.org	053) 790-3000
대전시립미술관	dmma.daejeon.go.kr	042) 270-7370
부산시립미술관	art.busan.go.kr	051) 744-2602
삼성미술관 리움	leeum.org	02) 2014-6900
서울시립미술관	sema.seoul.go.kr	02) 2124-8800
예술의전당	sac.or.kr	02) 580-1300
전북도립미술관	jma.go.kr	063) 290-6888
제주도립미술관	jmoa.jeju.go.kr	064) 710-4300
포항시립미술관	poma.kr	054) 250-6000
호암미술관	hoam.samsungfoundation.org	031) 320-1801

※ 자세한 정보는 미술관의 인터넷 홈페이지와 전화를 통해 문의하시기 바랍니다.